반박의 기술

반박의 기술

답답하고
복장 터지는 당신이
부글부글하지 않고
논리적으로 설득하는 방법

최훈 지음

뿌리와
이파리

일러두기

1. 이 책의 본문에 실린 일러스트는 송동근이 그렸으며, 사진의 출처는 본문 말미의 '도판 출처'에서 밝혔다.

2. 논리학 용어는 대체로 저자의 전작인 『논리는 나의 힘』과 『변호사 논증법』을 기준으로 했다.

3. 총서, 단행본, 정기간행물 등에는 겹낫표(『 』), 시, 논문 등에는 홑낫표(「 」), 영화, 드라마, 그림 등에는 홑화살괄호(〈 〉)를 사용했다.

반박하기를 즐기는 데레사에게

머리말

인터넷의 발전 이후 의사소통의 양이 엄청나게 늘어났고, 논쟁과 토론도 활발해졌다. 각종 게시판에는 과열을 걱정할 만큼 주장과 반박이 넘쳐난다. 그 양이 비교할 수 없이 적었지만, 과거 시대에도 논쟁과 토론은 당연히 있었다. 인류의 역사가 시작된 이후로, 지성의 발전은 논쟁과 토론으로 이루어졌다고 해도 지나친 말이 아니다. 철학자 칼 포퍼는 과학의 발전은 과감한 추측과 그것에 대한 반박으로 이루어졌다고 말했고, 과학사학자 토머스 쿤은 정상 과학에서 생기는 이상 현상이 쌓여 결국에는 패러다임이 바뀌는 과학 혁명이 일어난다고 말했다. 여기서 '반박'이나 '이상 현상'이 일어나는 과정이 곧 논쟁과 토론이다. 논쟁과 토론이 학자만의 전유물은 아니다. 장삼이사도 길가에서, 시장에서 주장과 반박을 주거니 받거니 한다.

　논쟁과 토론이 인류의 중요한 지적 작업이고 우리 주변에 흔하다 보니 그것 자체가 일찍부터 학문적인 관심사가 되었다. 고대 그리스에서 아리스토텔레스가 논리학을 창시한 이후, 논증과 토론을 주제로 수많은 책들이 쏟아져 나왔다. 나도 그 맨 끄트머리에 이름을 올렸는데, 졸저 『논리는 나의 힘』과 『변호사 논증법』이 그것이다. 이 책들은 대체로 논리적으로 생각하고 말하고 글을 쓰는 일반적인 방법을 소개하는 데 주력했다.

출간을 계기로 이러저러하게 독자들을 만나게 되었는데, 좀더 구체적이고 현실적인 것을 요구한다는 것을 알게 되었다. 실제 논쟁을 할 때 반박을 잘하는 법이 그것이다. 논쟁도 싸움의 하나이다 보니 그 싸움에 이기고 싶다. 그러기 위해서는 먼저 주장을 펼쳐 상대를 제압하기도 해야겠지만, 상대의 공격을 잘 방어하기도 해야 한다. 인터넷 게시판에 올라온 주장에 어딘가 잘못된 점이 있는 것 같다. 멋있게 논박하고 싶은데 방법을 잘 모르겠다. 직장에서 상대방이 내 의견에 딴지를 건다. 잘못된 점을 조리 있게 공격하고 싶은데 역시 어떻게 해야 할지 모르겠다. 고구마 백 개를 먹은 것처럼 답답하고 속이 부글부글 끓는데, 뭔가 사이다처럼 뻥 뚫리는 반박을 하고 싶다.

이 책은 이러한 요구에서 출발했다. 그러나 논리학에서 반박의 방법이 독립된 주제로 연구되는 분야는 아니다 보니, 구체적이고 현실적인 반박의 기술을 정리하는 게 녹록하지는 않았다. 그래도 기존에 이루어진 논증 연구를 바탕으로 삼고, 그것을 실제 진행되는 논쟁과 토론에서 반박하는 과정을 유심히 지켜보아 거기에 적용해 보려고 애를 썼다. 그 결과가 어느 정도의 틀을 갖추어 한 권의 책으로 내놓게 되었다. 학문적인 면과 실용적인 면을 모두 갖추게 하려고 노력했다고 자부해 본다.

대체로 이 책의 제2부와 제3부는 이미 있는 논리학 이론서나 실용서에 나오지 않는 새로운 방법들이다. 내가 처음 만든 논증이나 반박 방법 용어들도 여럿 있다. 이런 말을 하는 것은 새로운 시도를 했다고 뻐기려는 의도가 아니라, 학계나 대중에게 검토를 미처 받지 못했다는 말을 하기 위해서이다. 제15장에서 동료 평가와 검증을 거쳐야 전문 지식으로 인정받는다고 강조하면서, 정작 이 책은 그런 과정을 거치지 못했다는 우려가 앞서기 때문이다. 이 책의 내용이 학문적인 것과 실용적인 것을 넘나들고 있으므로, 대중의 평가와 검증을 떨리는 마음으로 기대해 본다.

제4부 이하의 내용은 제목만 봐도 짐작할 수 있겠지만, 기존의 논리 관련 책들에서 볼 수 있는 주제들이다. 그것을 반박의 상황에 맞게 재구성하고 새로운 예들을 보여 주려고 했다. 물론 전작에서 쓴 예들을 재활용한 것들도 있다.

독자 여러분께 몇 가지 당부 말씀드리려고 한다. 첫째, 꼭 처음부터 순서대로 읽을 필요는 없을 것 같다. 제목을 보고 관심이 가는 곳부터 읽어도 된다. 다만 상호 참조할 수 있도록 중간중간에 관련 내용이 나올 때는 다른 장을 언급하여 넘나들도록 했다. 일종의 하이퍼링크이다.

둘째, 논리학자는 논증의 틀을 연구하지 구체적인 내용을 연구하는 사람은 아니다. 이 말을 하는 이유는 이 책에는 반박의 방법을 소개하기 위해 여러 주제들을 거론하지만, 내가 특정 입장을 지지하는 것은 아니라는 말을 하기 위해서이다. 어느 한쪽을 지지하는 쪽에서 비판을 받을까 봐 미리 방어막을 치는 것 같아 비겁해 보이기는 하는데, 설명을 위한 소재로 그 주제를 언급한 것이라고 이해해 주기 바란다. 더 나아가 해당 주제에 대한 얕은 이해가 드러나기도 할 텐데, 역시 그 주제의 이해가 주된 관심사가 아님을 너그러이 헤아려 주기 바란다. 여기서도 평가와 검증을 기쁘게 받아들이겠다.

셋째, 반박의 기술이 목표인 책이지만 말싸움에서 이기는 게 능사가 아님을 꼭 말하고 싶다. 이 책에서 여러 번 강조하지만, 논증의 목적은 단순히 상대방을 이기는 것이 아니라 논증을 주고받음을 통해 상대방을 이해하고 더 좋은 해결책을 찾으려고 하는 것이다. 앞에서 반박을 사이다에 비유했지만, 사이다를 비롯한 탄산음료는 많이 마시면 건강에 좋지 않다는 것이 상식이다. 마찬가지로 사이다 같은 반박은 당장은 속이 시원할지 모르지만, 반대 주장을 제대로 이해하지 못하게 하고 문제를 근본적으로 해결하지 못하게 한다. 부디 반박의 기술을 논증의 목적에 맞게 사용하기 바란다.

넷째, 역시 반박의 목적과 관련된 당부인데, 반박을 통해 사이다 같은 청량감을 느끼는 것이 목적이 아니라 설득하는 것이 목적이라면 최대한 예의 바르게 이 기술을 이용해야 한다. 그것도 모르냐는 식으로 면박을 당한 사람이 겉으로는 수긍할지 모르지만 진정으로 설득이 되겠는가? 반박을 하더라도 공손하게 논증에 임해야 한다. 다만 그 방법은 이 책의 주제도 아니고 내 전문 분야도 아니므로 구체적으로 설명하지는 않는다.

이 책에서 펼쳐진 생각 중 몇 가지는 내가 이미 발표한 글이나 다른 사람의 글에서 가져왔다. 제4장에서 반증 가능성을 이용해서 반박하는 아이디어는 랠프 존슨Ralph H. Johsnon이 쓴 *Manifest Rationality: A Pragmatic Theory of Argument*(Routledge, 2000)와 피터 버고지언과 제임스 린지가 함께 쓴 『어른들의 문답법』(월북, 2021)에 나온 것이다. 나는 시 전문 계간지 『포지션』(2022년 여름호)에 '능력'이라는 글을 기고했다. 제11장에서 능력을 애매어로 예시한 내용은 거기서 가져왔다. 제14장에서 깊은 의견의 차이에 관해 쓴 것을 더 자세하게 보고 싶으면 내가 쓴 「깊은 의견의 차이는 해소 가능한가?」(『수사학』 25집, 2016)를 보라. 그리고 제15장의 일부 내용은 역시 내가 쓴 「팬데믹 시대의 의견의 불일치와 전문가 신뢰」(『인간·환경·미래』, 제28호, 2022)에 실린 것이다. 제16장에서 반박과 딴소리를 구분했는데, 이것은 일본 철학자인 노야 시게키野矢茂樹가 『논리 트레이닝』(2002, 일빛)에서 '반론'과 '이론異論'이라고 구분한 것이다. 그러나 일본어에서는 異論[いろん]과 理論[りろん]의 발음이 구분되지만, 우리말에서는 구분도 안 되고 이론이라고 하면 '理論'이 먼저 떠오르니 '이론'은 '반박'과 구분하기 위한 좋은 말은 아니다. 그래서 '이론' 대신에 '딴소리'라고 이름 붙였다.

뿌리와이파리의 정종주 대표는 『논리는 나의 힘』 출간 이후 사람들과 대화할 때 써먹을 수 있는 논리 책을 계속 권했다. '하늘 아래

새로운 논리 책은 없다'는 핑계로 계속 미뤘다. 마침 네이버 프리미엄 콘텐츠에 '최훈 교수와 함께 철학하기'를 연재하고 있었던바, 거기에 반박을 주제로 한 꼭지씩 연재하다가 대폭 수정하여 책으로 꾸리게 되었다. 나아가 박윤선 주간의 열의가 없었으면 마무리를 하지 못했을 것이다. 경제학자가 꼭 실물 경제에 참여하는 것은 아닌 것처럼, 나도 논증을 연구한다고 해서 인터넷 커뮤니티 등에서 실제 논증에 참여하지는 않는다. 그나마 가족들이 논증과 반박을 실제로 선보이는 유일한 공간인데, 기꺼이 받아 준 가족들에게 감사와 사랑의 마음을 전한다.

2024년 2월

최훈

제1부

—

반박의
기본적
방법

팩트 체크와
논리 체크를 하라

보통 사람의 논증

논증은 논리학의 연구 대상이다. 그렇다고 해서 논증이 논리학자나 철학자의 전유물은 아니다. 철학자가 아닌 학자들도, 그리고 학자가 아닌 '보통' 사람들도 일상생활에서 논증을 하기 때문이다.

　내가 무슨 논증을 한다고, 라고 생각하는 사람도 있겠지만, 논증은 별 게 아니다. 주장을 하면 그게 바로 논증이다. 물론 엄격하게 말하면 주장만 한다고 해서 논증은 아니다. 근거(전제)를 갖추어서 하는 주장(결론)이 논증이기는 하다. 이때 근거를 생략하는 것, 또는 숨기는 것은 흔한 일이다. 논증을 학문으로 다루는 논리학에서 고전적인 논증으로 삼단 논법이 있다. 이것은 전제 두 개와 결론 한 개로 이루어진 논증인데 전제가 생략된 경우가 있다. 삼단 논

전제 두 개와 결론 한 개의 조건만 갖춘다고 삼단 논법은 아니다. 삼단 논법 하면 흔히 떠오르는 "모든 사람은 죽는다. 소크라테스는 사람이다. 그러므로 소크라테스는 죽는다."는 전형적인 삼단 논법은 아니다. 삼단 논법의 전제와 결론 자리에는 집합을 개념으로 하는 정언 명제가 와야 하는데 소크라테스와 같은 개체를 개념으로 하는 명제는 정언 명제가 아니기 때문이다.

법을 체계적으로 연구한 아리스토텔레스는 이것을 '생략 삼단 논법'(그리스어로는 enthýméma, 영어로는 enthymeme)이라고 부르는데, 근거를 빼고 주장하는 것은 그 이름이 있을 정도로 예로부터 흔한 일이다. (생략 삼단 논법은 **제14장**에서 다시 말하겠다.)

아, 반박해야 하는데, 부글부글……

학자는 논증을 하는 사람이고, 철학자는 스스로 논증을 할 뿐만 아니라 이를 연구 대상으로 삼는다. 그러니 철학자는 논증에 관심이 있을 텐데 보통 사람들은 왜 논증에 관심을 가질까? 왜 논증을 잘하고 싶고, 논증을 다룬 논리 책들을 찾아보는 것일까? 남들 앞에서 주장을 잘하고 싶은 사람들도 있을 것이다. 그러나 내 경험으로는, 그러니까 내가 논리학을 연구하고 가르친다고 말했을 때 나에게 말을 걸고 궁금해하는 것들을 살펴보면, 반박을 잘하는 데에 관심이 있는 것 같다.

직장이든 인터넷 공간이든 상대방의 주장에 반박하고 싶을 때가 많다. 그러나 저 주장이 어딘가 잘못된 것 같은데 어떻게 반박해야 할지 모르겠다. 답답하기도 하고, 부글부글 끓기도 한다. 왜 나는 딴 사람들의 주장에 휘둘리기만 하지? 속 시원하게 비판하고 싶은데 그걸 잘 못하겠네. 이런 속마음이 들키거나 화를 내면 내가 지는 거잖아. 논증을 갈구하는 사람들은 이런 생각을 할 때가 많은 것 같다.

반박의 형식적 방법

사실 반박의 방법은 적어도 '형식적으로만 보면' 간단하다. '좋은' 논증이 갖추어야 할 조건을 갖추지 못했다고 공격하면 되기 때문이다. 논증은 '주장'(결론)과 '근거'(전제)로 이루어져 있다. 논증은 근거를 가지고 주장을 지지하는(뒷받침하는) 구조이다. 주장만 주야장천 반복하는 것이 아니라, 그 주장을 왜 받아들여야 하는지 설득하기 위해 근거를 들이대는 것이다. 주장만 있어서는 논증이 되지 않는다. 근거가 있어야 한다.

이때 '좋은' 논증이 되기 위해서는 두 가지 조건을 만족시켜야 한다. 첫째는 주장을 뒷받침하는 근거가 사실이어야 한다. 참이 아닌, 거짓인 근거를 가지고 주장을 지지할 수는 없는 노릇이다. 외국인 혐오가 있는 사람이 다음과 같은 논증을 한다고 해 보자.

> 외국인은 범죄자가 많다. 그러니 우리나라에 외국인을 받아들여서는 안 된다.

간단한 논증이니 (그러나 주변에서 자주 듣는 논증이다.) 주장과 근거를 쉽게 구분할 수 있을 것이다. (논증에서 주장[결론]과 근거[전제]를 걸러내는 과정은 논리학 교과서에 꼭 들어 있다. 그만큼 중요하다.) '우리나라에 외국인을 받아들여서는 안 된다.'가 주장이고, 이 주장을 지지하기 위해 '외국인은 범죄자가 많다.'라는 근거를 제시했다. 대화 상대방에게 위 주장을 설득하기 위해서는 이 근거가 사실이어야 한다. 정말 외국인은 범죄자가 많을까? 통계 자료를 이용해서 보여 주어야 한다. 그게 사실이 아니라면, 외국인을 받아들여서는 안 된다고 주장하는 사람은 아무 근거 없이 앵무새처럼 주장만 반복하는 사람이나 마찬가지이다.

언론에서는 가짜 뉴스를 검증하는 '팩트 체크'를 한다. 이 팩트 체크가 바로 근거가 사실인지 아닌지 검증하는 작업이다. '팩트 체크'라는 들온말 대신에 '사실 확인'이나 '진실 검증'이라는 말이 이해가 더 잘 되긴 하는데, '팩트 체크'는 언론에서 많이 쓰는 말이니 그것을 계속 쓰겠다. 부정할 수 없는 팩트로 상대방을 공격하는 것을 속된 말로 '팩폭'이라고 한다. (이것은 **제4장**에서 다시 언급할 것이다.) '팩폭'은 '팩트 폭격' 또는 '팩트 폭행'의 준말이다. 폭격 또는 폭행을 당하면 타격이 크고 고통스럽다. 그만큼 팩트 체크는 중요하다. 그 팩트 체크로 상대방을 반박하는 것이 반박의 기본 중의 기본이다.

팩트 체크와 논리 체크

그러면 팩트인, 곧 사실인 근거만 모아 놓으면 좋은 논증이 될까? 음모론이란 게 있다. 특정 사건은 어떤 사람이나 단체가 특정 목적을 달성하기 위해 비밀리에 수행한 결과라고 주장하는 것을 말한다. 무엇인가가 음모라고 주장할 수 있다. 단 근거를 제시하면 훌륭한 논증이다. 그게 아니라 아무 근거 없이 주장만 던질 때 음모'론'이 된다. 아폴로 9호의 달 착륙은 미국 항공 우주국의 조작이라는 주장은 오래된 음모론이다. 우리나라에서도 톱스타의 스캔들이 뜨면 정권의 실책을 덮기 위해 검찰이 묵혀 놓은 사건을 풀어 놓는다는 '썰'이 나오는데, 역시 음모론이다. 이것도 주장이므로 그 근거를 제시해야 한다. 그 근거로 검찰은 원래 숨기는 게 많다는 것을 제시한다고 하자. 논증 형태로 제시하면 이럴 것이다.

> 우리나라 검찰은 원래 숨기는 게 많다. 따라서 이 톱스타의

> 스캔들은 정권의 실책을 덮기 위해 검찰이 묵혀 놓은 사건을
> 풀어 놓은 것이다.

먼저 팩트 체크를 해야 할 것이다. 근데 '우리나라 검찰은 원래 숨기는 게 많다.'라는 근거가 사실이라는 것을 어떻게 밝히나? 일단 팩트라고 해 보자. 그렇다고 해서 이 근거가 위 주장을 지지해 줄까? 전혀 그렇지 않다. 설령 그 근거가 사실이라고 해도, 원래 그렇다는 말이지 바로 이 톱스타의 스캔들이 정권의 실책을 숨기기 위한 의도로 나왔다는 증거가 전혀 되지 못한다. 그것은 별도의 근거로 지지되어야 한다.

좋은 논증은 근거가 사실이기만 해서는 안 되고, 근거가 주장을 제대로 뒷받침해야 한다. 이 조건이 제대로 만족하고 있는지 검토하는 것은 팩트 체크 못지않게 중요한 작업이다. 나는 이런 작업을 '팩트 체크'에 빗대서 '논리 체크'라고 부른다. '팩트 체크'와 달리 '논리 체크'는 내가 만든 말이다. 많은 언론에서 팩트 체크는 하지만, 논리 체크는 하지 않는다. '고도의' 지식까지는 아니지만 어느 정도의 논리학 지식이 필요하기 때문이다. 그러나 논리 체크가 팩트 체크 못지않게, 아니 그보다 더 중요한 이유는 위 음모론 예에서 찾을 수 있다. 우리나라 검찰이 원래 숨기는 게 많은지가 팩트인지는 지금 당장 밝힐 수 없다. 그것은 과거 증거를 찾아야 하고, 그런 증거들이 많다고 할 정도인지 평가해야 하고, 이렇게 시간이 오래 걸리는 작업이기 때문이다. 다시 말해서 발품이 들어야 하는

일이다. 그러나 그 근거가 팩트라고 할 때 주장을 지지하는지 판단하는 일은 '논리적으로만' 하면 되는 일이다. 발품 들지 않고 머리만 쓰면 된다는 것이다. 더 요긴한 반박 방법인 것이다.

논증 전체를 반박해야

반박에서 주의할 점은 상대방의 논증에서 주장(결론)이 옳은지는 검사하지 않는다는 것이다. 논증은 근거와 주장으로 이루어져 있고, 논증을 반박한다는 것은 논증 전체를 반박하는 것이다. 팩트 체크와 논리 체크 모두 논증 전체를 대상으로 한다. 팩트 체크는 근거가 팩트가 아니니 주장을 지지하지 못한다고 반박하는 것이고, 논리 체크는 근거가 팩트라고 해도 주장을 지지하지 못한다고 반박하는 것이다.

주장만 딸랑 틀렸다고 말하는 것은 반박이 아니다. 위 외국인 혐오 논증을 반박한다는 것은 '우리나라에 외국인을 받아들여서는 안 된다.'라는 주장이 틀렸다고 말하는 것이 아니다. '외국인은 범죄자가 많다.'라는 근거가 주장을 뒷받침하지 못한다고 반박하는 것이다. '우리나라에 외국인을 받아들여서는 안 된다.'라는 주장에 얼마든지 동의하면서도 위 논증은 반박하는 것이 가능하다. '외국인은 범죄자가 많다.'라는 근거로는 그 주장을 지지할 수 없다고 말할 때가 그렇다.

같은 말을 반복하는 사람들을 예전에는 '고장 난 녹음기'라는 비유로 말했다. 요즘은 '앵무새'에 비유한다. 근거는 제시하지 않은 채 "우리나라에 외국인을 받아들여서는 안 돼."만 반복하면 고장 난 녹음기요, 앵무새다. 그런데 반박할 때도 앵무새 반박이 있다. 논증, 곧 근거와 주장의 관계를 반박하는 것이 아니라 주장만 공격하는 것이다. 앵무새 반박은 **제16장**에서 다시 말하겠다.

반박의 가장 기본적 방법은 팩트 체크와 논리 체크이다. 이 책은 **제5부**와 **제6부**에서 각각 팩트 체크와 논리 체크의 구체적 방법을 소개할 것이다. 그러나 그것만 하면 반박이 완성될까?

2

논증의 목적을
체크하라

논증의 목적 체크

팩트 체크와 논리 체크를 거치면 '좋은' 논증이 되고, 그중 하나라도 통과되지 못하면 나쁜 논증이 된다. 나쁜 논증이라고 말하는 것이 곧 반박이다. 그러면 팩트 체크와 논리 체크만 하면 반박이 될까? 다음 논증을 보자.

▌ 미국의 수도는 워싱턴이다. 따라서 미국의 수도는 워싱턴이다.

미국의 수도는 워싱턴이 맞다. 따라서 위 논증은 팩트 체크를 통과했다. 그다음에 미국의 수도는 워싱턴이라는 근거는 미국의 수도는 워싱턴이라는 주장을 아주 잘 지지해 준다. 미국의 수도는 워싱턴이라는데, 미국의 수도가 워싱턴이 아닐 수 있겠는가? 그러니 논리 체크도 통과했다.

그러나 위 논증이 좋은 논증이라고 생각하는 사람은 아무도 없을 것이다. 이 논증은 전형적인 '선결문제 요구의 오류'이다. 어려운 이름의 오류인데, 쉬운 말로는 '순환 논증'이다. 전제와 결론이 같은 말로 뺑뺑 순환하기에 그런 이름이 붙었다. 너무 극단적인 예를 들기는 했지만, 팩트 체크와 논리 체크를 통과했는데도 좋은 논증이 되지 못한 사례이다. 왜 그럴까?

그것은 논증의 목적을 달성하지 못했기 때문이다. 논증의 목적이 무엇인지는 논증을 연구하는 학자마다 다르기 때문에 딱 잘라 말하기는 어렵다. 그러나 논증을 가지고 무엇을 하려고 하는지 생각해 보면 대체로 합의되는 목적을 찾을 수 있을 것이다. **앞 장**에서 다른 사람의 주장을 반박하지 못해서 고민하는 보통 사람 이야기를 꺼냈다. 우리의 '보통 사람'이나 그 사람과 논쟁을 주고받는 사람은 무엇을 하려는 것일까? 바로 상대방을 설득하려고 한다. 논쟁 상대방은 자신의 주장으로 보통 사람을 설득하려고 하고, 보통 사람은 그 주장이 잘못이 있으므로 받아들일 수 없다고 상대방을 설득하려고 한다. 한마디로 말

2003년의 인기 드라마 〈대장금〉에서 어린 장금은 왜 홍시 맛이 나느냐는 정 상궁의 질문에 "예? 저는 제 입에서 고기를 씹을 때 홍시 맛이 났는데 어찌 홍시라고 생각했나 하시면 그냥 홍시 맛이 나서 홍시라 생각한 것이온데……."라고 말한다. 드라마는 오래되었지만 이 대사는 지금도 기억하는 사람이 많다. 이 대사는 형식으로 보자면 선결문제 요구의 오류이다. 어린 장금은 정 상궁을 설득한다는 논증의 목적을 달성했을까?

해서 논증의 목적은 상대방을 설득하려는 것이다. 상식이 있는 사람이라면 위 미국 수도 논증에 설득이 되지 않는다. 그러므로 좋은 논증이 아니다.

논리적 설득

그러나 논증의 목적을 그냥 '설득'이라고만 말해서는 안 된다. 우리는 상대방을 설득하는 아주 쉬운 방법을 알고 있고, 실제로 그런 방법은 널리 쓰인다. 공포심이나 권위를 이용한 설득이 그것이다. 속된 보기로는 "너 내 말 안 들으면 죽어."가 있고, 좀 교양 있는 보기로는 "김 대리, 이번에 승진할 때 되었지?"가 있겠다. 설득이라고 말했지만 실은 협박이다. 혹은 돈이나 애교로 구슬려도 설득이 된다. 이렇게 설득되었다고 해서 좋은 논증일까? 역시 사람들은 그렇게 생각하지 않는다.

상대방을 설득한다는 논증의 목적에 '논리적으로' 설득한다는 부사어를 넣어야 한다. 공포심이나 권위, 돈이나 애교 같은 비논리적인 방법이 아니라 논리적인 방법으로 설득하는 것이 좋은 논증이다. 거꾸로 논리적으로 설득해야 한다는 목적을 지키지 못하고 있다고 지적하면 그것이 반박이 된다.

독자 중에는 협박을 하든 돈을 쓰든 상대방을 설득만 시키면 그게 논증이지 무슨 '논리적인' 설득이 필요하냐고 생각하는 이들이 있을 것이다. 그러나 논증은 '이성을 가지고 있는 사람이라면 누구나 받아들일 수 있는' 근거를 제시하는 것을 말한다. 그래야 이 사

세뇌도 효과적인 설득 방법이기는 하다. 세뇌는 한자 '洗腦'도 그렇고 영어 'brainwashing'도 그렇고 뇌를 씻어 버린다는 무시무시한 말이다. 상대방의 이성을 마비시키는 것이다. 세뇌는 효과적일지는 모르지만, 논리적인 설득 방법은 아니다.

람에게도 저 사람에게도, 그리고 과거에도 미래에도 설득을 할 수 있다. 논리적 설득은 보편타당한 설득을, 적어도 그것을 추구하는 작업이다. 그러나 협박이나 돈은 상대방이 달라짐에 따라, 장소와 시간이 달라짐에 따라, 그 설득이 통하기도 하고 통하지 않기도 한다. 이 세상에는 협박이나 돈이 통하지 않는 사람도 많다.

무슨 수단을 쓰든 논증으로 상대방을 무너뜨리면 된다고 생각한다면, 어떤 것에도 미혹되지 않는 이성적 존재에게 무너진다. 이 책은 그런 방법을 말하려고 한다. (그러면 이성을 가지고 있지 않은 사람은 어떻게 설득해야 할까? 그것은 **제4장**에서 답하겠다.)

수사적 체크

논증의 목적에 맞는지 체크해 보는 작업에 '팩트 체크'와 '논리 체크'처럼 무슨 이름을 붙이면 좋을 것 같다. '수사적 체크'라고 부르면 어떨까? 그러나 문제가 좀 있다. 영어의 '레토릭rhetoric'은 다른 사람을 설득하거나 그 사람에게 영향을 끼치기 위해 쓰는 말이나 글을 가리킨다. 그리고 레토릭은 우리말로 '수사修辭'라고 번역된다. 우리말 '수사'는 미사여구의 뜻으로 쓰이고, 실제로 사전에서도 "말이나 글을 다듬고 꾸며서 보다 아름답고 정연하게 하는 일. 또는 그런 기술"이라고 풀이하고 있다. 그러나 꼭 미사여구만 다른 사람을 설득할 수 있는 것은 아니지 않은가? 말만 번드르르하게 한다는 비난을 듣기 십상이다. 이와 같은 이유로 '수사적 체크'라고 하면 '논리적으로 설득'한다는 논증의 목적에 오히려 위배되는 것 같다.

팩트 체크와 논리 체크 외에 수사적 체크를 새로 끌어들이기 저어되는 또다른 이유는 원칙은 적을수록 좋기 때문이다. 논증을 반박하기 위해 팩트 체크와 논리 체크에 덧붙여 수사적 체크까지 하라고 하기에는 해야 할 것이 너무 많아 보인다. 그렇다고 해서 수사적 체크를 하지 말라는 말인가? 논리 체크를 할 때 같이 하면 된다. 논리 체크는 상대방이 제시한 근거가 주장을 뒷받침하는지 검사하는 것이라고 말했다. 미국의 수도가 워싱턴인 것은 팩트이다. 그런데 그 팩트가 미국의 수도는 워싱턴이라는 주장을 뒷받침해 주는지 체크해 보라는 것이다. 통과하지 못한다. 논리적 설득이라는 논증의 목적을 달성하지 못했으니까. 논리 체크할 때 염두에 두어야 할 점으로 논증의 목적을 달성했는지도 기억하면 된다.

반박과 오류 찾기

반박을 말하면 위에서 말한 선결문제 요구의 오류처럼 상대방의 논증에서 오류를 찾는 일이라고 생각하는 사람이 많다. 오류가 곧 잘못이고 반박은 상대방의 논증에서 잘못을 찾는 일이니 딱히 잘못된 생각은 아니다. 그러나 오류만 찾아서는 안 되고, 오류를 찾을 때도 주의해야 한다. 다음과 같은 이유 때문이다.

첫째는 잘못된 논증이라고 해서 무슨무슨 오류라는 이름이 다 붙은 것은 아니기 때문이다. 오류는 사람들이 자주 저지르는 유형의 잘못된 논증에 이름을 붙인 것이다. 그런데 팩트 체크를 보자. 미국의 수도는 워싱턴인데 뉴욕이라고 말했다고 하자. 이게 무슨 오류인가? 가장 초보적인 잘못이어서 그런지 따로 이름 붙인 것은 없다. 또는 "저 당 사람들은 다음 선거에서 모두 떨어뜨려야 해."라고 주장하는데 아무런 근거도 제시하지 않는다. 논증의 기본을 지키지 못한 흔한 오류인데 딱히 이름 같은 것은 없다.

둘째는 오류는 수사적인 개념이기 때문이다. 다시 말해서 상황에 따라 오류일 수도 있고 아닐 수도 있다는 것이다. '미국의 수도는 워싱턴이다. 따라서 미국의 수도는 워싱턴이다.'라는 논증은 선결문제 요구의 오류라고 말했다. 이번에는 엄마가 아이에게 "미국의 수도는 워싱턴이야. 모르면 외워!"라고 말했다고 하자. 아이는

일본의 중의원이자 환경대신을 역임한 고이즈미 신지로는 고이즈미 준이치로 전 내각 총리대신의 아들로도 유명하지만, 같은 말을 되풀이하는 순환 논증을 자주 쓰는 것으로 웃음거리가 되기도 한다. 그러나 정말로 순환 논증인지는 '수사적으로' 검토해야 한다. 가령 "매일 먹고 싶다는 건 매일 먹고 있지 않다는 뜻입니다."는 지금까지 매일 안 먹었으니 앞으로는 매일 먹고 싶다는 말로 이해하면 같은 말을 반복하는 것이 아니다. 다른 예들도 마찬가지이다.

엄마의 권위 또는 협박에 눌려 미국의 수도는 워싱턴이라는 지식은 얻을지 모르지만, 왜 그런지 설득되지는 않는다. **앞 장**에서 말했지만 논증은 맞는 주장을 제시하는 것이 아니다. 그 주장을 지지하는 근거를 제시하는 것이다. 이 엄마와 같은 설득 방법을 '감정(공포심)에의 호소 오류'라고 부른다(**제22장**을 보라). 그런데 엄마가 말은 저렇게 하지만 사실 이런 전제가 숨어 있을 수 있다.

> 내가 지도책이랑 백과사전에서 찾아보니 미국의 수도는 워싱턴이야.

지도책이랑 백과사전은 신뢰할 수 있는 정보이다. 엄마는 주장과 똑같은 말을 되풀이한 것도 아니고 권위로 억누른 것도 아니다. 말투가 위협적이지만 이때 아이는 '미국의 수도는 워싱턴이다.'라는 주장을 받아들일 수 있고, 또 그래야 합리적인 사람이다. 똑같은 논증이 상황에 따라 또는 해석에 따라 오류일 수도 있고 아닐 수도 있는 것이다. 그러므로 "내가 논리학 책에서 봤는데 이건 무슨 오류야."라고 말하는 것은 또다른 오류를 저지르는 꼴이다. 그 논증이 바로 이 상황에서 왜 잘못된 논증인지 반박해야 한다. 앞으로 이 책에서 그런 작업을 해 보자.

제2부

—

반박보다
더 좋은
반박 방법

3

반박할 만한 사람이
아니면 피하라

고장 난 녹음기와 논증할 수 있는가?

논증을 주제로 일반인 대상의 강의를 하다 보면 가장 많이 받는 질문은 어떻게 논증을 잘하느냐가 아니다. 논증이 통하지 않는 상대방과 과연 논증을 해야 하느냐이다. 쉽게 말해서 **제1장**에서 말한 고장 난 녹음기를 틀어 놓은 것 같은 사람과 논증을 할 수 있느냐는 것이다.

앞 장에서 말한 논증의 목적을 다시 생각해 보자. 논증은 '상대방을 논리적으로 설득하는 행위'라고 말했다. 논리적으로 설득한다는 것은 협박이나 애교로 구슬리는 것이 아니라, 말이나 글로써 근거를 제시하여 그 근거를 납득시키는 것을 말한다. 어떤 주장을 통해 상대방을 설득하려고 한다. 그 주장을 지지하는 근거를 제시한다. 그 근거가 이성이 있는 사람이라면 누구나 받아들일 수 있는 것이라면, 상대방은 그 근거를 받아들여야 한다. 거꾸로 그 근거가 이성이 있는 사람이라면 받아들일 수 없는 것이라면, 상대방은 그 근거를 받아들일 수 없는 이유를 말할 것이다. 이것이 논증을 주고 받는 '이상적'인 과정이다.

공자님 말씀 같지만 논증을 이렇게 해야 하는 이유가 있다. 논쟁도 싸움의 하나이므로 이기면 그만일까? 그러나 그깟 '말싸움'에서 이겨서 뭐하겠는가? 우리가 논증을 하는 근본 목적은 세상에 대한 이해를 넓히고 올바른 판단을 하기 위해서이다. 내가 제시한 근거가 올바르지 못하다는 것이 드러나면 그것을 인정할 때 그 목적을 달성할 수 있다. 그래야 다음에 더 나은 논증을 만들 수 있고, 궁극적으로 우리는 더 나은 사회에서 살게 된다.

이런 이상적인 논증 과정에 참여하지 못하는 사람들이 있다. 근거를 받아들여야 할지 말아야 할지 평가하는 작업은 하지 않고 '딴소리'만 한다. 논증은 더이상 진행되지 않는다. 어떻게 해야 할까? 자신의 주장이 근거가 없음이 드러났다. 그런데도 그 주장을 바꿀 생각이 없이 고집한다. 이런 사람과 논증을 계속해야 할까? 이 사람의 주장을 어떻게 반박할까?

학교 문법과 학교 논증

국어학계에서 쓰는 말로 '학교 문법'이라는 것이 있다. 실제로 사용되는 언어 현실보다, 바르게 말하고 쓰게 하려는 목표를 달성하기 위해 규범을 중요하게 생각하는 문법을 말한다. 가령 몇 년 전까지 짜장면은 '자장면'이 표준어였다. 현실에서는 아나운서를 제외하고는 모두 '짜장면'이라고 발음했지만, 학교 문법에서는 '자장면'을 표준어라고 가르쳤다. 그게 정해진 규범이니까.

나는 '학교 문법'과 비슷하게 '학교 논증'이 있다고 생각한다. 사람들이 일상생활에서 논증을 어떻게 하든 바르게 논증하는 규범을 제시하는 것이 학교 논증이다. 여기서는 이성적으로 대화를 하려는 사람들이 참여하여 합리적인 논증의 규범에 따라 논증을 주고받는다. 학교에서는 실제로 토론 대회도 자주 연다. 당연한 말이지만 이 대회에는 논증의 규범을 따르겠다는 약속을 한 학생들이 참여하고, 그 규범을 얼마나 지켰느냐가 중요한 판정 기준이 된다.

그러나 현실에서는 어디 그런가? 어문 규범이 있지만 그것을 모르거나 무시하는 사람이 많듯이, 논증 규범도 모르거나 무시하는 사람들이 많다. 그런 사람들과 논증을 해야 할까?

고착된 혐오

혐오 문제를 예로 들어 보자. '혐오'라는 말은 최근에 사회 문제가 되고 있지만, 혐오에 해당하는 시선이나 행위는 예전에도 있었다. 요즘은 각종 혐오가 난무하지만, 우리 사회에서 오래된 혐오는 여성 혐오와 장애인 혐오 정도였다. "어디 여자가 감히……."나 "병신 새끼가……."라는 말은 그 역사가 오래되었다. "암탉이 울면 집안이 망한다."나 "곱사등이 짐 지나 마나."처럼 여자나 장애인을

'자장면'은 언어 규범이 현실을 반영하지 못하는 대표적인 사례로 비난을 많이 받았다. 자장면/짜장면 논쟁은 표기법과 발음의 차이를 이해 못 한 측면도 있다. '버스'나 '게임'은 아나운서 빼고는 대부분 '뻐스'나 '께임'이라고 읽지만, 그렇게 표기하자고 하지 않는다. 그런데 왜 짜장면만?

대놓고 혐오하는 속담도 많았다.

전통 사회에서 이런 혐오를 보이는 사람들은 대체로 어릴 때부터 그렇게 교육받아 왔기 때문이다. 아주 어릴 때부터 밥상머리에서 여자나 장애인을 비하하는 표현을 듣고 자란 세대는 소수자에 대한 편견이 고착되어 버린다. 여자나 장애인이 차별받아도 되는 근거를 물어보면 대답 못 한다. '그냥' 싫다고 말한다. 어릴 때부터 몸으로 배워 '체화된' 차별이니 그 근거를 제시할 수 없는 것이다.

혐오가 이렇게 고착된 사람의 생각을 글과 말로 된 논증으로 바꾸기는 여간 어렵지 않다. 진화론적으로 볼 때 사람들이 생각을 바꾸는 것은 큰 에너지가 드는 일이라고 한다. 고작(?) 다른 사람의 반박 근거 정도로는 평생 품어 온 생각을 바꾸지 않는다. 삶을 바꿀 만한 충격이 있지 않는 한, 가령 내가 장애인이 되어 장애인이 받는 차별을 이해하게 되었더라는 정도의 사건이 있지 않는 한, 뿌리 깊은 편견을 바꾸지 않는 것이다. 그러므로 오래된 편견을 가진 사람들을 논증으로 반박하려고 하지 말라. 피하는 게 상책이다. 싸움만 날 뿐이다.

> 영화 〈위험한 상견례〉(2011)에서 진영광(백윤식 분)은 전라도 혐오를 가진 사람으로, 딸이 전라도 사람과 결혼하는 것을 반대한다. 그러다가 부인(김수미 분)이 사실은 전라도 출신인데 숨기고 살아왔다고 폭로하고 가출하는 소동을 겪고 나서야 생각을 바꾼다.

바보들과는 토론하지 말라

논증을 주제로 한 책에서 논증을 피하라고 말하니 아이러니하다. 그러나 밥상머리에서 편견을 주입받은 사람들은 인권 의식이 없던 시절에 자란, 어떤 의미에서 또다른 피해자이다. 익숙한 것을 버리지 못하고 있을 뿐이다. 세월이 흐름에 따라 이제 그런 세대는 점점 줄어들고 있다.

그래도 편견을 버리지 못하는 사람에게는 논증보다는 조롱이나 풍자가 더 적합하다. 따라서 조롱이나 풍자를 한다고 해서 교양이 없다거나 인성이 문제라고 비난해서는 안 된다. 그 상황에서는 그것이 최선일 수 있기 때문이다. 다만 이 책은 논증에 관한 책이니 어떻게 조롱이나 풍자를 해야 하는지는 이 책의 목적에서 벗어난다.

인터넷에서 유행하는 '짤방'(이미지 파일을 가리키는 인터넷 용어) 중 이런 게 있다.

> 기자: 영원한 행복을 얻으려면 어떻게 해야 하나요?
> 힌두교 구루: 바보들과 다투지 않아야 합니다.
> 기자: 전 그렇게 생각하지 않습니다.
> 힌두교 구루: 네, 당신 말이 옳습니다.

바보들과는 토론하지 말라는 것이다. 오래된 편견을 가진 사람들과 토론하지 말라는 내 말도 비슷한 취지이다. 그리고 그런 사람에게는 논증보다 조롱이나 풍자를 하라는 내 말을 실제로 보여 주는 사례이다.

그러나 진지하게 토론에 임하는 사람에게 이런 태도를 보이는 것은 논쟁 자체를 피하겠다는 것이니 올바르지 못하다. 역시 인터넷에서 유행하는 말로 "반박 시 네 말이 맞음."이 있다. 반박해 봐야 소용없으니 반박하지 말라는 말이다. 반박을 비롯한 토론을 기피할 거면 애초에 왜 토론을 하는가? 혼잣말 하거나 일기장에 쓰면 되지. 상대방을 논리적으로 설득하는 행위라는 논증의 목적을 다시 생각해 보라.

여기서는 AI가 등장하지만, 유행하는 '짤방'에서는 구루(힌두교에서 스승을 가리킬 때 쓰는 말)가 등장한다. 구루는 바보들과 토론하지 말라는 자신의 말을 바로 실천했다.

팩트에 근거한 혐오

이 책은 반박의 기술을 다루지 특정 주장을 지지하지 않는다. 따라서 여성이나 장애인과 같은 소수자를 혐오하는 쪽은 근거가 부족하고 잘못된 주장을 한다는 말을 하려는 것은 아니다. 혐오 주장이라고 하더라도 근거가 있으면 훌륭한 논증이 된다. 다만 지금까지 그런 혐오를 가지고 있는 사람들은 스스로 반성을 거친 근거가 아니라 어릴 때부터 주입받은 생각을 쭉 유지하고 있다는 데에 주목한 것이다.

이들과 달리 이른바 MZ세대라고 부르는 세대의 혐오는 다른 양상을 띤다. 이들은 자신의 소수자 혐오는 '그냥' 싫은 것이 아니라 팩트에 기반한 것이라고, 곧 합리적 근거가 있다고 말한다. 나는 이들을 반박하지 않고 피해서는 안 된다고 생각한다. 혐오 세력과 무슨 논증이냐고 말하는 사람들도 있지만, 이들 혐오 세력은 앞에서 말한 '사라지는 세대'와 다르다. 자신들은 그냥 싫은 것이 아니라 팩트에 근거해서 정당한 평가를 하는 것이라고 대꾸할 것이니 '합리적인' 논증을 할 자세가 되어 있다고 생각된다. 그렇다면 그것을 무시해서는 안 되고 또다시 근거를 갖추어 반박을 해야 한다.

더 중요하게는 꼭 혐오 세력이 아니더라도 그들과 비슷한 주장을 하는 사람들이 많다는 것이다. 이것은 '증명 책임'과 관련해서 그들의 주장을 무시할 수 없다는 뜻이 된다. 이 점은 **제6장**에서 증명 책임을 말할 때 다시 언급하겠다.

우리에겐 대화가 필요해

상대방을 적으로 보지 말고 대화를 해야 한다는 말을 많이 한다. 특히 정치에서 그렇다. 그런데 실제로 대화는 잘 이루어지지 않는다. 우리 사회에서 가장 논쟁이 치열한 보수와 진보 사이는 서로를 대화할 대상이 아니라고 본다. 상대방을 고장 난 녹음기나 오래된 편견을 가진 사람으로 보는 것 같지도 않은데 왜 그럴까?

진보는 보수의 뿌리가 친일과 군사 독재 세력에 있다고 보고, 보수는 진보가 빨갱이라고 본다. 어떻게 나라를 팔아먹은 친일파와 대화를 나눈단 말인가? 빨갱이는 타도의 대상이지 논증의 대상은 아니지 않은가? 논증을 한다는 것은 상대방의 주장을 받아들일 수도 있다는 것을 인정하는 것이다. 나쁜 친구와 어울리면 나도 나쁜 사람이 된다고 생각하는 것처럼, 진보가 보수와 논증한다는 것은 자신이 친일파가 된다는 것을 인정하는 것이고, 보수가 진보와 논증한다는 것은 자신이 빨갱이가 된다는 것을 인정하는 것이다. 자신의 정체성이 바뀌는데 논증의 대상으로 인정하겠는가?

　제17장에서 허수아비 공격을 말할 때 그리고 제21장에서 흑백논리를 말할 때 다시 말하겠지만, 이 세상에는 극보수와 극진보만 있는 것은 아니다. 그런 사람들은 극단이라 눈에 잘 띄는 것뿐이다. 덜 '나쁜' 보수, 덜 '나쁜' 진보도 얼마든지 있다. 그들과 논증을 나눈다고 해서 나의 정체성이 사라져 '나쁜' 사람이 되는 것은 아니다. 논증을 하자.

4

무슨 근거를 들이대도 끄떡없는 사람에게는 이렇게 하라

"그거 다 거짓말이야"

앞 장에서 반박할 만한 사람이 아니라면 피하라고 했다. 자신의 주장이 근거가 없다고 드러났음에도 자신의 주장을 바꿀 생각이 없이 고집하는 사람과는 논쟁하지 말라는 것이었다. 그런데 그 정도로 몽짜를 부리는 것은 아니지만, 상대방이 반박 근거를 들이대면 어떻게든 피해 가려는 사람이 있다. 예를 들어 다음과 같은 사람이다.

> 갑: 박근혜 대통령은 억울하게 탄핵당했어. 지금도 그 생각만 하
> 면 분해 죽겠어.
> 을: 박근혜 대통령은 헌법 재판소에서 탄핵을 당했는데요. 아무

등 국정농단을 일삼는 것을 방조하였다는 이유로요.

갑: 그거 다 거짓말이야.

무슨 증거를 제시해도 거짓말이라고 말한다. 증거를 이런 식으로 피해 가는 것은 박근혜 전 대통령 사례에서뿐만이 아니다. 미국에서는 트럼프 전 대통령의 지지자들이 그가 받는 혐의를 모두 거짓말이라고 말한다. 미국의 트럼프 극렬 지지자들은 트럼프가 대선 전에 러시아와 공모한 사건에 대해 위 대화와 똑같은 반응을 보인다. 이명박 전 대통령이 자신에게 가해진 여러 음해가 사실이 아님을 주장하면서 부르짖은 "여러분, 이거 다 거짓말인 거 아시죠?"는 유행어가 되었는데, 이것도 비슷한 반응이다.

창조론이나 백신 반대론자도 마찬가지이다. 창조론자는 이 세상이 신에 의해서 창조되었다고 믿으며, 그 근거로 성경을 댄다. 갑이 창조론자라고 해 보자.

갑: 이 세상은 모두 하느님이 창조했어.

을: 그것을 어떻게 아나요?

갑: 성경에 그렇게 쓰여 있지.

을: 근데 성경에 따르면 지구는 6000년 전에 창조되었어요. 창세기에 나오는 아브라함의 생몰 연도, 아브라함의 출생에서 아담까지를 거슬러 올라가면 대충 6000년 정도가 나오거든요.

그런데 과학자들에 따르면 몇천만 년, 몇억 년 된 화석은 흔해요.

갑: 그건 하느님이 6000년 전에 지구를 창조하면서 몇억 년이 되게 보이도록 만드신 거야. 워낙에 전지전능한 분이시니까.

어떤 폭격에도 끄떡없는 방어 체계

논증은 근거가 주장을 지지하는 관계라고 앞서 말했다. 이것을 다시 한번 말하는 이유는 논증이 아주 간단한 구조인데도 사람들이 그것을 왜곡해서 다룬다고 말하기 위해서이다. 어떤 주장에든 지지하는 근거도 있고 반박하는 근거도 있다. 당연한 말이지만 그것들의 경중을 비교해서 자신의 주장을 유지할지 철회할지 결정해야 한다. 그러나 사람들은 주장을 먼저 정하고 그것을 뒷받침하는 근거만 찾아다닌다. 그 과정에서 지지하는 근거만 쏙쏙 뽑아 거기에 기대고, 반박하는 근거는 철저히 무시한다. 이런 행태를 영어로는 체리피킹cherry picking이라고 부른다. 잘 익고 탐스러운 체리 열매만 골라 딴다는 데서 나온 말인데, 우리말로는 '아전인수'에 해당하겠다.

창조론을 믿는 사람들만큼은 많지 않지만 지구가 평평하다고 믿는 사람들이 있다. 지구가 평평하지 않다는 증거는 쌔고 쌨다. 그러나 지구 평면론자들은 자신들한테 유리한 증거만 믿는다. 그리고 가령 우주에서 찍은 둥근 지구 사진을 보여 주면 이렇게 말한다. "그것은 어안 렌즈를 써서 그런 거야." 백신 무용론자도 그렇

현대에도 지구가 평평하다고 믿는 사람들이 있다. 학회도 있고 학술 대회도 개최한다. 백신 무용론자도 그렇고 아폴로 우주선이 달에 갔다는 것을 믿지 않는 사람들도 무슨 근거를 들이대도 끄떡없이 자신의 생각을 고집한다.

고, 아폴로 우주선이 달에 갔다는 것을 믿지 않는 사람들도 그렇다. 그들에 따르면 백신은 효능보다 부작용이 훨씬 많은데 거대 제약사의 돈벌이 수단으로 강제하는 것이고, 아폴로 우주선이 달에서 찍은 사진은 다 조작이다.

제1장에서 팩트 체크를 말했는데, 팩트인 근거를 제시해 상대방을 반박하는 것을 '팩트 폭격' 또는 '팩트 폭행', 줄여서 '팩폭'이라고 한다고 했다. 이름이 비슷한 패트리엇 미사일에 비유해서 '팩트리어트'라고도 말한다. 그런데 무슨 근거를 들이대도 끄떡없는 사람들은 반박하는 근거를 모조리 거짓말이나 조작이라고 말하니, 어떤 폭격에도 끄떡없는 방어 체계이다. 도무지 말이 통하지 않는 사람들을 일상생활에서 '꼴통'이라고도 부른다. 꼴통은 고성능 방어 체계를 구축해서 앞뒤가 꽉 막힌 고집불통이다.

> '팩트 폭격'이라는 말은 논증이 아닌 맥락에서는 머리 긁적이게 하는 용도로 쓰일 때가 많다. 팩트를 새로 발굴하는 게 아니라 이미 알고 있는 것을 새삼스럽게 알려 주는 용도이다. 가령 클럽에 입장하려는데 나이 때문에 저지당했을 때 팩트 폭격을 당한 것이다. 팩트를 맞으면 아프다.

정체성 유지하기

앞 장에서도 논증이 정체성 유지에 얼마나 중요한지 언급했는데, 정체성을 다시 한번 강조할 만하다. 무슨 근거를 들이대도 끄떡없는 사람들은 반박을 받으면 받을수록 더 자기주장에 매달리게 되는 역효과가 생긴다. 그게 자신의 정체성인데, 자신의 정체성을 잃게 되는 것은 세상을 잃는 것만큼이나 큰 타격이기 때문이다. 진리보다 생존이 더 중요한 것이다. 예를 들어 창조론자는 성경의 말씀을 믿어야 착한 사람이 된다고 생각한다. 백신 무용론자는 좋은 부모가 되고 싶은 마음에서 그런 믿음을 가지게 되었다. 자신의 믿음을 버리면 착한 사람이 안 되고 좋은 부모가 안 되는데, 반대되는 근거가 대수겠는가?

그래서 무슨 근거를 들이대도 끄떡없는 사람들의 믿음을 바꾸게 하는 데는 팩트를 지적하는 것이 별 효과가 없다. 자신의 믿음은 절대 틀릴 일 없고 절대로 확실하다고 생각하니 어떤 근거도 물리친다. 그런 사람과는 논증을 피해야 할 것이다. 그래도 혹시, 혹시나 논증을 피하는 게 아니라 설득하고 싶다면 다음과 같은 방법을 써 보라. 우선은 상대방의 발언에서 모순을 찾아 그것을 지적하는 방법이 효과적이다. 예를 들어 위 대화를 다음과 같이 이어간다. (모순을 찾는 구체적 방법은 **제3부**의 장들을 보라.)

갑: 그건 하느님이 6000년 전에 지구를 창조하면서 몇억 년이 되게 보이도록 만드신 거야. 워낙에 전지전능한 분이시니까.

을: 그런 식이라면 지금 이 세상도 사실은 몇 분 전에 만들어졌는데 6000년 전으로 보이도록 만든 것일 수도 있겠네요.

갑: (당황하며) 그건 아니지. 하느님은 우리를 속이지 않으시니까.

을: 어, 화석을 몇억 년 되게 보이는 것은 속이는 것 아닌가요. 그리고 하느님이 우리를 속이지 않는다는 것은 어떻게 아세요?

2010년에 미국의 명문 대학을 나온 가수가 학력을 위조했다고 주장하는 단체가 생겼다. 이들은 가수에게 학력을 증명하는 증거를 요구하고, 증거를 제출하면 또다른 증거를 요구하며, 결국에는 위조라고 주장했다.

갑: (역시 당황하며) 어…… 성경에 그렇게 쓰여 있어. 나는 참말만
　　말한다고.
을: 그건 선결문제 요구의 오류죠.

　선결문제 요구의 오류가 무엇인지 설명해야 하기에 마지막 반박
은 좀 무리수일지도 모른다. (선결문제 요구의 오류가 무엇인지는 **제10장**을
보라.) 그러나 하느님은 우리를 속이지 않는다고 생각하는 상대방
주장에서 하느님이 우리를 속이는 사례를 찾아낸다면, "그거 다 거
짓말이야."라는 식으로 피해 가기 어려울 것이다. 상대방의 주장에
서 모순을 찾는 것은 상대방의 무소불위급 반박을 꼼짝 못 하게 하
는 좋은 반박 방법이다.

하나 마나 한 이야기

무슨 근거를 들이대도 끄떡없는 사람들을 반박하는 또다른 방법은
반증을 이용하는 것이다. 반증은 어떤 주장이 틀렸음을 보여 주는
것이다. 가령 '까마귀는 모두 검은색이다.'라는 주장은 검은색이
아닌 까마귀가 발견되면 반증된다. 검은색이 아닌 까마귀는 아직
발견된 적이 없으므로 이 주장은 실제로 반증되지는 않았다.
그렇지만 우리는 이 주장이 어떨 때 반증이 되는지는 알고 있다.
검은색이 아닌 까마귀가 있으면 반증된다. 그래서 '까마귀는
모두 검은색이다.'와 같은 주장을 아직 반증은 안 되었지만 '반증
가능한' 주장이라고 부른다.

반증 가능성은 철학자 칼 포퍼(Karl Popper, 1902~1994)가 과학과 사이비 과학을 구분하기 위해 도입한 용어이다. 그는 프로이트의 정신 분석학과 마르크스의 변증법적 유물론을 대표적인 반증 불가능한 지식으로 들었다.

　반면에 아예 반증이 불가능한 주장이 있다. 다시 말해서 어떨 때 그 주장이 틀린 주장이 되는지 도통 알 수 없는 주장이다. "올해 대운이 들겠어."라는 점쟁이의 말이 대표적인 예이다. 점쟁이의 이 말을 듣고 한 해 동안 운수대통할 일이 있을지 알고 기다린다. 그러나 한 해가 다 가도 그런 일은 안 일어난다. 점쟁이에게 가서 따졌더니 "지금 멀쩡히 살아 있구먼. 그러면 운이 아주 좋은 거지."라고 대답한다. "올해 대운이 들겠어."라는 말은 도대체 틀릴 수 있겠는가?

반증이 불가능한 주장은 하나 마나 한 이야기이다. 그런 주장을 하는 사람은 어떤 증거가 있어도 자신의 믿음은 틀릴 리가 없다고 생각하는 것이니 그와 대화하는 것은 시간만 낭비하는 짓이다. 그러므로 상대방이 하는 주장이 어떨 때 틀릴 수 있다고 생각하는지 물어라. 맨 앞의 대화를 이어가 보자.

을: 모든 게 다 거짓말이라고 하시는데, 그러면 어떻게 해야 박근혜 대통령이 최순실을 국정에 개입하게 했다는 주장이 참말이 될 수 있을까요?

갑: 무슨 소리야? 그건 다 거짓말이라니까.

을: 그 주장이 참말이라는 게 아니라요, 선생님은 모든 게 다 거짓말이라고 주장하시잖아요. 어떤 근거가 나오면 거짓말이 아니라 참말이 될 수 있느냐고 여쭙는 겁니다.

갑: 죄다 거짓말이라는데 왜 자꾸 참말이라고 말해.

을: 제 질문이 좀 어려울 수는 있겠네요. 그러면 이렇게 여쭤볼게요. 박근혜 대통령이 직접 나와 최순실을 국정에 개입하게 한 것은 사실이라고 말하면 믿으시겠어요?

갑: 그래도 거짓말이야. 박근혜 대통령이 고문을 당해서 어쩔 수 없이 그렇게 말하는 걸 거야. 우리 대통령을 못 잡아먹어 난리인 사람이 얼마나 많은데.

을: 좋아요. 그러면 이번에는 선생님을 비롯한 박근혜 대통령 지지자들 앞에 박 대통령이 나타나서 선생님들 손을 잡고 울면

서 "미안해요. 내가 최순실을 국정에 개입하게 한 것은 맞는 말이에요."라고 말하면 어떨까요? 그래도 거짓말일까요?

갑: 아니지, 우리 대통령이 거짓말을 하실 분은 아니니까.

반증 가능하다는 말은 이해가 좀 어렵다. 철학 강의할 때도 반증 가능하다는 것과 실제로 반증된다는 것을 잘 구분 못 하는 학생들이 많다. 그러니 무슨 근거를 들이대도 끄떡없는 사람은 말해 무엇 하랴. 어떻게든 설득하고 싶으면 위와 같이 참을성 있게 하나씩 하나씩 설명해야 한다.

위 대화에서는 박근혜 전 대통령의 국정 농단이 반증 가능하게 되는 조건에 간신히 합의했다. 박 전 대통령이 지지자 앞에서 국정 농단이 사실이라고 솔직하게 인정한다면 국정 농단은 조작이라는 갑의 주장은 반증 가능하기는 하다. 그러나 너무 높은 기준이 아닌가? 대통령이 지지자들 앞에서 직접 솔직하게 고백하게 되는 상황을 상상할 수는 있지만 실제로 일어날 가능성은 거의 없지 않은가? 아마 이 지지자는 살아가면서 다른 지식에는 그렇게 높은 반증 기준을 적용하지 않을 것이다. 그런데 왜 유독 이 주장에만 그렇게 높은 기준을 적용하는가? 다시 대화를 더 해 보자.

을: 선생님 친구 중에 누가 선생님한테 돈을 빌렸는데 돈을 빌린 적이 없다고 딱 잡아떼요. 차용증을 보여 줘도 그건 다 조작한 거라고 해요.

9·11테러 음모설을 주장하는 쪽은 미국이 이 사건을 오사마 빈 라덴이 저지른 것처럼 조작했다고 주장한다. 그러나 빈 라덴 자신이 저질렀다고 비디오로 말했다. 음모론자들은 빈 라덴도 미국 정부에 포섭되었다고 주장할 것인가? 음모론자는 어떤 합리적인 증거나 전문가의 견해를 제시해도 그것도 음모로 해석한다. 음모론은 반증이 불가능하다.

갑: 그런 죽일 놈이 있나?

을: (웃으며) 저도 그렇게 생각해요. 근데 그 친구가 돈을 빌렸다는 주장이 거짓말이 아니라 참말일 수 있는 조건은 그 친구가 선생님 손을 잡고 울면서 "미안하다. 내가 사실 빌려 갔는데 안 빌려 갔다고 거짓말했어."라고 말하는 것밖에 없다고 해 봐요.

갑: 거짓말하는 놈이 그렇게 말하겠어? 그런 일이 일어날 리가 없지.

자신은 남에게 높은 반증 불가능의 기준을 제시하면서 스스로에게는 인정하지 않는다. 모순이다. 앞서 모순을 찾아 지적하라는 방법을 말했는데, 이런 식으로 써먹을 수 있을 것이다.

그러나 이런 식의 대화는 지극히 어려운 과정이다. 사실 그 전에 대화를 중단하는 게 속 편하다. 그래도 재미있지 않은가? 행유여력行有餘力, 곧 일을 다 하고도 오히려 힘이 남거든 이런 반박 방법도 써 보라.

무슨 근거를 들이대도 끄떡없는 이유는 자신의 정체성이 훼손된다고 생각하기 때문이라고 말했다. 따라서 그런 사람을 설득하는 그나마 쉬운 방법은 당신의 주장이 설령 틀렸다고 드러나더라도 정체성이 흔들리지는 않는다는 것을 납득시키는 것이다. 가령 창조론자에게는 설령 6000년 전에 지구가 창조되었다는 주장이 틀렸다고 하더라도 종교와 과학은 다른 영역이므로 안심해도 된다고 달래는 것이다. 또 박근혜 전 대통령 지지자에게는 박 전 대통령도 인간인데 실수할 수 있지 않으냐고, 그리고 그게 더 인간적이지 않으냐고 구슬리는 것이다. 백신 반대론자에게는 오히려 좋은 부모가 되는 길이라고 설득하고. 그러나 이런 과정은 논리보다는 수사의 영역이기는 하다.

5

반박거리가 아니면
반박하지 말라

"취향입니다, 존중해 주십시오"

토론을 주제로 강의를 할 때 대학생들에게 토론 주제를 자유롭게
정해 오라고 과제를 내곤 하는데, 그때 학생들이 굉장히 많이 골라
오는 주제가 있다. '혼전 동거는 해도 되는가?'가 그것이다. 혼전
동거에서 생기는 여러 가지 장단점이 있을 것이다. 장단점 중 어느
쪽이 더 큰지를 두고 토론을 해야겠다고 생각하는 듯하다.

그러나 '혼전 동거는 해도 되는가?'는 토론할 거리가 되지 못한
다. 혼전 동거의 단점으로 제시되는 것은 주위의 안 좋은 시선일
것이다. 그러나 그런 시선을 개의치 않는 사람에게는 그것이 단점
으로 작용하지 않는다. 논증은 상대방에게 자신의 주장을 근거를
들어 합리적으로 설득하는 것이라고 말했다. 혼전 동거했다고 이

러쿵저러쿵하는 것에 신경 쓰지 않는다는데 너는 신경 써야 한다고 어떻게 합리적으로 설득하겠는가? 혼전 동거한 경험이 있으면 나중에 다른 사람을 만날 때 흠결로 생각된다는 단점도 말할 것이다. 그런 사람은 안 만나겠다고 대꾸하면 어떻게 설득하겠는가?

혼전 동거를 하겠다는 선택은 개인의 취향 문제이다. 취향은 하고 싶은 마음이 생기는 성향을 말하는데, 사람마다 호불호에 따라 달라진다. 무엇인가를 하고 싶은 마음이 생긴다고 해서 다른 사람에게 끼치는 피해는 전혀 없다고 하자. 다른 사람의 선택이 이해가 안 될 수도 있지만 전적으로 개인의 선택이므로, 바꿀 수도 없지만 바꾸려고 해서도 안 된다. "취향입니다, 존중해 주십시오."란 말이 괜히 유행어가 아니다.

> 인터넷에서 '취향입니다, 존중해주십시오'는 줄여서 '취존'이라고도 한다. '취존'은 실제로는 약간 비꼬는 말로 쓰인다. '저급한' 취향이지만 존중하겠다는 뜻으로.

부먹 대 찍먹

취향이 논증의 대상이 아닌 것은 입맛 논쟁을 보면 이해가 쉽다. '짜장면이 맛있냐, 짬뽕이 맛있냐'는 오래된 논쟁이다. 그 후로 부먹 대 찍먹 논쟁, 순대 양념 논쟁, 민초 논쟁, 하와이안 피자 논쟁 따위가 계속해서 벌어진다. 부먹 대 찍먹 논쟁을 예로 들어 보자. 이것은 탕수육을 먹을 때 소스를 탕수육에 부어 먹을 것인지, 아니면 소스에 탕수육을 찍어 먹을지의 논쟁이다. 여럿이 같이 탕수육을 먹는데 아무 생각 없이 소스를 탕수육에 붓는다면 '찍먹파'에게

욕을 한 바가지 얻어먹을 것이다.

찍먹을 고수하는 사람들은 바삭바삭한 맛으로 먹는 탕수육에 소스를 들이부으면 탕수육이 눅눅해져서 맛이 없다고 말한다. 이게 '부먹파'에게 설득이 될까? 부먹파는 그 눅눅한 맛이 좋아서 부먹을 한다고 말한다. 그러니 고문과 같은 비합리적인 방법이 아니고서는 설득이 되지 않는다. '부먹이냐, 찍먹이냐'는 논증 대상이 아니다. 최근의 민초 논쟁도 마찬가지이다. 민초를 좋아하는 사람들은 '민초단', 싫어하는 사람들은 '반민초단'이라고 부른다. 반민초단은 치약 냄새 때문에 민초가 싫다고 말한다. 하지만 '민초단'은 바로 그 치약 냄새 때문에 좋다고 하는데, 그게 설득이 되겠는가?

오지랖 넓은 참견

지금 말하는 입맛 논쟁은 '논쟁'이라고 말하지만, 사실은 인터넷 공간에서 웃자고 벌이는 일이다. 밥상머리에서 진지하게 부먹과 찍먹을 두고 논쟁을 벌이는 일은 없을 것이다. 그러나 들머리에서 말한 혼전 동거 논쟁은 상황이 다르다. 진지한 논쟁이 가능한 주제로 생각하는 사람들이 많다. 그리고 혼전 동거를 하거나 하기로 한 사람에게 '진지하게' 그래서는 안 된다고 '설득하는' 사람도 여전히 있다. 그러나 탕수육 소스를 부어 먹든 찍어 먹든, 혼전 동거를 하든 말든 순전히 개인의 취향 문제이다. 남이 먹는 탕수육에 동의를 받지 않고 소스를 붓지 않는 이상 부먹을 하더라도 남에게 끼치는 피해는 없다. 서로의 합의로 혼전 동거를 한다면 남에게 끼치는

다들 잘 알겠지만 참고로, 순대 양념 논쟁은 순대를 소금, 막장, 초장, 새우젓 따위 중에서 어디에 찍어 먹을 것인가의 논쟁이고, 민초 논쟁은 민트 초콜릿 호불호, 하와이안 피자 논쟁은 파인애플을 토핑한 피자의 호불호를 말한다.

피해는 전혀 없다. 그러므로 개인의 선택을 두고 반박하지 말라.

혼전 동거 주제처럼 남에게 피해를 주지 않는 선택이라면 내 취향이 아니더라도 반박하려고 해서는 안 된다. 그럴 때는 "취향이니까 존중합니다."라고 넘어가야 한다. 사생활과 관련된 선택이 대체로 그런 주제들이다. 오타쿠('오타쿠'는 특정 분야에 강하게 몰두하는 사람을 가리키는 속어이다. '덕후'라고도 한다.)로 살든 말든, 결혼을 하든 말든, 아이를 낳든 말든 개인의 취향으로 존중해 주어야 한다.

지금은 많이 없어졌지만 여전히 남의 선택에 간섭하는 사람들이 있다. "민초 맛 모르는 사람들 정말 안됐다."라고 오지랖을 부리는 것이다. 그러나 취향은 옳고 그름의 문제가 아니다. 취향을 바꾸도록 합리적으로 설득할 수 없으니 자꾸 참견하게 되는데, 그러다 보면 자신의 취향이 무시당한 기분이라 불쾌해지고 심하면 싸움이 나게 된다. 가수 아이유는 한때 "민초 맛 모르는 사람들 정말 안됐다."라고까지 말한 민초단이었다. 그러다가 민트 초콜릿 아이스크림이 아닌 민트 초콜릿 케이크를 먹었더니 맛이 영 이상하게 느껴지는 경험을 하고, 이래서 반민초단이 민초를 싫어하는구나, 하고 이해했다고 한다. 남의 취향을 존중해 줘야 자신의 취향도 존중받을 수 있음을 깨닫게 되는 과정이다.

반박할 거리인가?

아이러니하게도 반박의 주제가 아니라고 반박해야 하는 상황이 생긴다. 반박거리가 아니라고 반박해야 하는 상황인 것이다. 방금 말한 오지랖을 전문 용어로 '부권적 간섭주의'라고 한다. 남에게 피해를 주지 않는 선택을 했는데도, 선택을 한 사람이 '나쁜' 길로 빠지지 않게 하려는 '어버이의 마음'으로 간섭을 하는 것이다. 도박은 패가망신의 지름길이다. 그걸 알면서도 도박 자체를 즐기겠다는 사람도 있지만, 많은 사람들은 자신은 패가망신하지 않을 것이라고 생각하고 도박에 뛰어든다. 그 사람이 패가망신하더라도 다른 사람에게 주는 피해는 없다. 그런데도 국가는 패가망신하지 못하도록 하는 어버이의 마음으로 간섭한다. 국가에서 승인한 몇몇 도박을 빼고는 도박을 하면 처벌하는 것이 그 간섭의 형태이다. (부권적 간섭주의는 온정주의라고도 한다. 『표준국어대사전』에는 특이하게도 '퍼터널리즘paternalism'이라는 외래어가 등재되어 있다. paternalism은 온정주의의 영어인데, 아버지를 뜻하는 라틴어 pater에서 나온 말이다.)

심각한 사회 문제이기는 하지만 마약도 마찬가지이다. 마약은 한번 손대면 십중팔구 중독되지만, 그것은 마약에 손댄 당사자의 피해일 뿐이다. (마약에 취한 상태에서 난폭 행위를 한다는 반론이 있지만 그건 주취자한테서 훨씬 많이 발견된다. 그래도 그 행위를 처벌하지 술을 금지하지는 않는다.) 그런데도 국가는 마약에 중독되지 않도록 하는 어버이의 마음으로 간섭한다. 마약의 제조, 유통, 투약을 처벌하는 것이 그 간섭의 형태이다.

도박을 해도 되는가, 마약을 투약해도 되는가가 논쟁 대상이 아니라 거기에 간섭해도 되느냐가 논쟁의 대상이 된다. 부권적 간섭주의에 반대하는 사람은 도박이나 마약은 반박할 거리가 아니라고 반박하는 것이다. 도박을 하든 마약을 하든, 그것은 부먹 또는 찍먹을 하는 것과 마찬가지로 개인의 선택인데 왜 국가가 오지랖 넓게 간섭하느냐는 것이다.

반박할 거리가 아니라는 반박으로 국가의 간섭이 사라진 사례는 많다. 유신 독재 시절에는 미니스커트나 장발은 경범죄처벌법의 단속 대상이었다. 한때 술을 금지한 법이 있었던 미국에서는 이제 일부 주에서 대마도 합법화되었다. 부권적 간섭이 오지랖이라고 판단한 것이다. (대마는 **제9장**에서 다시 이야기할 것이다.)

논쟁에도 세월이 약

논쟁거리인 것은 맞지만 세월이 지나면 자연스럽게 없어지는 논쟁도 있다. 30여 년 전만 해도 한자 섞어 쓰기(국한문 혼용) 논쟁이 있었다. '나는 學生이다.'처럼 한자를 섞어 써야 이해도 빠르고 지식도 생긴다는 쪽과 '나는 학생이다.'처럼 한글로만 써도 충분하다는 쪽의 논쟁이었다. 생경하게 들리겠지만 당시에는 꽤나 격렬한 논쟁이었다. 그러나 지금은 아무도 이 논쟁을 하지 않는다. 한자를 섞어 쓰는 출판물은 눈을 씻고 찾으려고 해도 찾을 수 없다. 왜 그렇게 됐을까? 한자를 섞어 써야 한다고 주장하는 사람들이 거의 역사에서 사라졌기 때문이다. 그들은 어릴 때부터 한자가 섞인 출판물을 읽고 자라서 한자가 없으면 빨리 읽기가 어려웠다. 결국 익숙함의 문제였던 것이다.

개고기 논쟁도 이와 비슷한 길을 갈 가능성이 크다. 2024년에 이른바 개고기 금지법이 제정되었지만, 법 시행 여부와 상관없이 여전히 논쟁거리이다. 보신탕은 민초 논쟁처럼 취향의 문제인 것 같지만, 다른 생명체에게 그 취향이 피해를 주기에 단순히 취향의 문제가 아니라고 생각된다. 그러나 개고기를 먹는 사람은 많이 줄었고 개고기를 파는 식당도 점점 없어지고 있다. 개고기 논쟁에서 먹어도 된다는 쪽에 편을 드는 젊은 사람들도 개고기를 먹지 않는 사람들이 대부분이다. 지금 개고기를 먹는 사람들이 역사의 뒤안길로 사라지면 개고기 논쟁도 자연스레 없어지지 않을까? 한자 섞어 쓰기 논쟁처럼 언제 그런 논쟁이 있었나 싶을지도 모른다. (개고기 논쟁은 **제9장**과 **제13장**에서 다시 등장할 것이다.)

6

증명 책임을
떠넘겨라

증명 책임은 누구에게?

상대방의 질문에 대답하기 곤란할 때 써먹을 수 있는 마법 같은 반박이 있다.

> 갑: 이 프로젝트는 진행해서는 안 된다고 생각합니다.
>
> 을: 왜 안 된다고 생각해요?
>
> 갑: 왜 된다고 생각하는데요?

위 대화의 갑처럼 상대방이 물은 것을 되묻는 것이다. 을은 갑에게 대답을 요구했지만 갑은 오히려 을이 대답하기를 요구한다. 을이 어리바리하다면 갑의 질문에 어떻게 대답할지 고민하거나, 고

민해도 대답할 말이 없으면 머리를 긁적이며 "그런가요?"라고 말할 것이다. 그러나 왜 을이 대답해야 하는가? 을이 먼저 물었는데. 을은 "제가 먼저 물었으니 제 질문에 대답하셔야죠."라고 말하면 그만이다.

질문은 반박이 아니다. 반박은 상대방이 하는 논증에 잘못이 있다고 주장하지만, 질문은 상대방의 주장이 궁금해서 묻는 것일 뿐, 그 논증의 잘못을 지적하는 것은 아니기 때문이다. 그러나 질문이 반박이 될 때도 있다. '증명 책임'이 없을 때 그렇다. 위 대화에서 갑에게는 증명 책임이 있고 을에게는 없다. 따라서 을이 먼저 "왜 안 된다고 생각해요?"라고 묻는 것은 단순히 질문에 머무르는 것이 아니라 반박일 수 있다. 질문만으로 훌륭한 반박이 된다. 그러나 증명 책임이 있는 갑은 그 질문, 곧 반박에 성실히 답변할 책임이 있다. 따라서 "왜 된다고 생각하는데요?"라고 오히려 되묻는 것은 그 책임을 다하지 못한 것이다.

증명 책임은 소송에서 어느 쪽이 증거를 제출할 책임이 있는지 말하는 법률 용어이다. 그러나 일상생활의 논증에서도 쓸 수 있다. 문제는 대답해야 할 책임, 근거를 내놓아야 할 책임이 누구에게 있느냐는 것이다. 가장 기본적인 원칙은 먼저 주장을 한 쪽에게 증명 책임이 있다. 갑이 이 프로젝트는 진행해서는 안 된다고 먼저 주장했으니 갑에게 왜 그런지 근거를 제시해야 할 책임이 있는 것이다. 그렇지 않겠는가? 먼저 말했으니 왜 그런지 이유까지 제시할 책임이 있다. 을은 당연히 그 근거를 물어봤다. 그런데 갑은 거꾸로 을

'증명 책임'은 영어로 'burden of proof'라고 한다. 증명의 '짐'을 지우는 것이다. 증명 책임이 누구에게 있는지 알아야 증명의 짐을 벗거나 지울 수 있다.

에게 증명 책임을 뒤집어씌운다.

그러나 증명 책임은 법률이나 논증에 익숙하지 않은 사람에게는 쉬운 개념이 아니다. 그러니 잘 모르겠으면 증명 책임을 떠넘기는 것도, 치사하기는 하지만, 써먹을 수 있는 반박이다. 위 대화의 갑처럼 되묻는 것이다. 혹시 을이 "제가 먼저 물었으니 제 질문에 대답하셔야죠."라고 말하면? 그때 대답하면 그만이다.

아님 말고

증명 책임이 누구에게 있는지 분명하게 알아야 한다. 그래야 증명 책임이 없는데도 책임을 떠맡아 어리보기처럼 굴지 않을 수 있다. 거꾸로 좀 얌체 같지만 증명 책임이 없는 상대방에게 증명 책임을 떠넘겨 반박할 수도 있다. 좀 전에 말한 것처럼 먼저 말한 쪽이 증명 책임이 있다. 위 대화에서는 갑에게 증명 책임이 있다고 했다. 그런데도 상대방에게 증명 책임을 떠넘긴다면 적반하장이다. '적반하장賊反荷杖'은 도둑이 도리어 매를 든다고 새길 수 있다. 어처구니없지만 그런 사례가 꽤 있다. '아님 말고.'가 대표적이다. "홍길동 씨가 그날 거기에 있었다죠?"라고 말한다. 증거는 없다. 그러나 이 말은 급속도로 퍼진다. 이제는 홍길동 씨가 그날 거기에 있지 않았다는 것을 증명해야 한다. 얼마나 억울한 일이겠는가?

1950년대의 미국 국회의원이었던 조지프 매카시는 '매카시즘'이라는 말이 나오게 한 장본인이다. 당시 소련과의 냉전으로 공산주의자 색출 광풍이 불었던 상황에서 매카시 의원은 일단 누구누구가 간첩인 것 같다고 지목한다. 먼저 말했으니 근거, 곧 공산주의자인 증거를 대어야 한다. 그러나 그딴 것은 없다. 당국은 조사에 들어가고 언론은 이를 받아쓰고 지목된 사람은 쫓겨난다. 이런 과정이 계속 반복된다.

전형적인 마녀사냥이다. 서양의 중세에서 19세기까지 이어온 마녀사냥은 대체로 공동체에서 왕따를 당하는 사람이나 희생양으로 삼을 필요가 있는 사람을 마녀로 몰았다. 먼저 마녀라고 말했으니 마녀인 증거를 대야 한다. 역시 그딴 것은 없다. 마녀로 지목된 사람은 마녀가 아님을 스스로 밝혀야 했다. 무슨 수로 마녀가 아니라는 것을 밝히겠는가? 무엇인가가 있다는 것을 보여 주는 것은 쉽지만 무엇인가가 없다는 것을 보여 주는 것은 어렵다. 매카시의 공산주의자 사냥도 똑같다.

마녀사냥이나 매카시즘이나 과거의 일일까? 그렇지 않다. 여전히 '카더라' 식의 하고 싶은 말을 한다. 그러면서 근거는 대지 않는다. 증명의 책임이 있음에도 그것을 회피한다. 그래서 나온 말이 "아님 말고."이다. 1990년대에 기밀문서 해제로 러시아어 암호가 해독되어 매카시가 공산주의자로 지목한 사람 중 일부가 정말 공산주의자였음이 드러나기는 했다. 매카시는 결국 선동의 부작용으로 정치 생명이 끝났고, 1957년 48세의 이른 나이에 과음이 원인으로 추정된 급성 간염으로 죽었다. 만약 매카시가 살아 있었다면 "거 봐. 내 말 맞잖아!"라고 할까? 여기서 중요한 것은 공산주의자인가 아닌가의 사실 여부가 아니다. 그가 소 뒷걸음질 치다가 맞췄

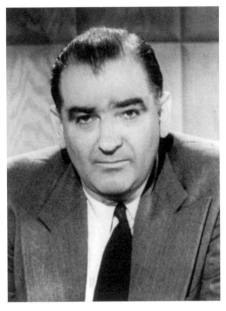

매카시는 미국에서 흔한 성이다. 우리의 매카시는 조지프 레이먼드 매카시(Joseph Raymond McCarthy, 1908~1957)이다. 자신의 성姓을 딴 주의主義가 나왔으니 가문의 영광일까? 치욕스러운 주의이니 가문의 수치이다.

다고 비난하는 게 아니다. 반박은 주장이 옳고 그름을 평가하지 않는다고 **제1장**에서 말한 것을 상기해 보라. 공산주의자라고 주장하면서 증명의 책임을 다했느냐가 중요하다. '아님 말고.' 식으로 책임을 전혀 지지 않았다. 나중에 사실이 아님이 드러나면, "기분이 나쁘셨다면 죄송합니다."라고 말하면 그만일까?

옮겨 가는 증명 책임

증명 책임은 꼭 먼저 말한 쪽에 있지는 않다. 먼저 말하지 않았어도 사회적으로 합의가 된 견해에 이의를 제기하는 쪽 또는 사회에서 이미 시행되는 정책을 반대하는 쪽에 증명 책임이 있다. 다음 대화를 보자.

> 갑: 여기서는 담배를 피우면 안 됩니다.
> 을: 왜 안 되는데요?

갑이 먼저 말을 하기는 했다. 그러니 갑이 증명 책임을 져야 할까? 이 대화가 실내에서, 또는 실외라고 하더라도 금연 구역으로 지정된 곳에서 이루어졌다고 해 보자. 그런 곳에서는 금연해야 한다는 것이 우리 사회에서 합의가 되어 있고 법으로도 정해져 있다. 그러니 갑은 비록 먼저 말했지만 왜 그래야 하는지 설득해야 할 책임이 없다. 증명 책임은 을에게로 넘어간다. 갑은 자신이 증명 책임을 다해야 한다고 애면글면할 필요가 없다. 단지 을을 비난만 해도 된다.

사회 정책을 둘러싼 논쟁도 이미 시행되고 있는 정책을 찬성하는 쪽은 증명 책임이 없다. 따라서 가만히 있어도 논쟁에서 일단 이긴 셈이다. 제대 군인에게 공무원 시험 및 공기업 취업 응시자를 대상으로 추가 점수를 주는 제도인 군 가산점 제도는 1999년에 위헌 결정으로 없어진 제도이다. 따라서 이 제도를 부활하자고 주장하는 쪽이 열심히 그 근거를 주장할 책임이 있다. 찬성하는 쪽이 제시하는 근거가 강력하고 많은 사람들에게, 그러니까 여론의 지지를 받는다면 그때는 반대쪽으로 증명 책임이 넘어올 것이다. 그때는 가만히 있으면 진다. 공이 넘어왔으니 받아넘겨야 한다. 그때까지는 가만히 있어도 이기는 게임이다. 팬히 나서서 먼저 이 주제를 거론했다가는 긁어 부스럼만 만들 수 있다. 찬성 쪽에 약점을 노출할 수 있으니 말이다.

"길 막고 지나가는 사람에게 물어보라"

어떤 주장을 하면서 상식을 근거로 제시하는 사람이 있다. 예컨대 위 대화에서 "왜 안 되는데요?"라는 을의 질문에 "그건 상식 아닌가요?"라고 되묻는 것이다. "길 막고 지나가는 사람들에게 물어보세요. 그게 된다고 생각하는지."라고 말하기도 한다.

　논리학에서는 어떤 것을 근거로 삼을 때 무엇무엇에 '호소한다' 는 말을 많이 쓴다. 앞으로 '○○에[게]의 호소'와 같은 논증 이름이 자주 나올 것이다. 상식이나 다수의 의견을 근거로 삼는 것은 '대중에게의 호소'라고 부른다. (우리말에서 여격조사는 무정 명사의 경우에는 '에'를 쓰고 유정 명사의 경우에는 '에게'를 쓰므로 '대중에의 호소'가 아니라 '대중에게의 호소'가 맞는 표현이다. **제18장**에서 볼 '사람에게의 호소'도 마찬가지이다.) 우리 사회의 오랜 전통이나 통념 또는 관례이니 받아들여야 한다고 말하는 '전통에의 호소'도 같은 부류이다. 그런데 논리학 교과서는 대중에게의 호소를 오류로 취급한다. 많은 사람들이 그렇게 믿으니까 옳다고 주장하는 것은 정말로 잘못된 논증일까?

> 지구가 둥글다는 것은 상식이다. 지구가 평평하다고 믿는 사람이 있는가?

지구가 둥글다는 증거를 직접 제시하지 않고 대중에게 호소한다. 그런데 500년 전에 이 논증을 했다면 설득력이 전혀 없었을 것이다. 똑같은 논증이 '지금은 맞고 그때는 틀리다.'가 되면 되겠는가?

〈지금은맞고그때는틀리다〉는 홍상수 감독의 2015년 영화 제목이다. 이 영화 제목은 띄어쓰기를 하지 않았다. 작비금시昨非今是라는 한자성어도 같은 뜻이다.

이 예가 보여 주듯이 대중에게의 호소는 오류이기는 하다. 그래도 상식에 기대면 적어도 증명 책임을 지지는 않아도 된다. 정말로 상식이고 다수의 의견인지 또는 전통이 맞는지 팩트 체크를 해야 하기는 하지만, 만약 팩트라면 증명에서 우위에 선다. 그것이 상식이 아니라는 것을 입증할 책임이 상대방에게 있는 것이다. 상식이나 다수의 의견도 얼마든지 틀릴 수 있다. 지성의 역사에서 그런 사례는 쌔고 쌨다. 지구가 평평하다거나 왕후장상의 씨가 따로 있다는 것은 상식이었지만 이제는 상식이 아니다. 다만 그것이 상식이 아니라는 것을 열심히 입증해서 상식이 바뀌게 된 것이다. 따라서 내 주장이 옳은 이유를 적극적으로 제시하지 못할 것 같으면 증명 책임을 떠넘겨라. "그건 상식 아닌가요?"라고.

논쟁은 전쟁

논쟁도 전쟁이다. 자신이 유리한 지형에 있는지 불리한 지형에 있는지에 따라 전법을 달리해야 한다. 유리한 지형에 있는데, 다시 말해서 증명 책임이 없는데, 먼저 나서서 공격할 필요가 없다. 그러다가 괜히 반격의 빌미를 줄 수 있다. 거꾸로 불리한 지형에 있다면 그것을 뒤집기 위해 열심히 공격해야 한다. 전통 시대의 성城이나 현대의 요새를 공격할 때처럼, 전쟁에서는 공격하는 쪽에 수비하는 쪽보다 3배 정도의 병력이 필요하다고들 한다. 전쟁에서 공격은 그만큼 어려운 일이다. 전쟁의 하나인 논쟁에서도 증명 책임이 있는 쪽은 그만큼의 부담을 져야 한다.

그러나 가끔은 상대방이 허술하다면 불리한 지형에 있더라도 상대방을 도발하는 수법을 써먹을 수 있다. 비유로 말하면 성이나 요새에 숨어 있는 적을 거기서 나오게 하는 것이다. 실제로 도발은 인터넷 게임에서 싸울 때 써먹는 스킬이다. 논증에서는 상대방에게 증명 책임이 있는 척하면 된다. 들머리의 대화에서 갑은 먼저 말했으니 증명의 책임이 있다. 그러나 처음부터 이렇게 말해 보라. 상대방에게 증명 책임이 넘어가지 않는가?

> 이 프로젝트는 진행해서는 안 된다고 생각합니다. 왜 된다고 생각해요?

제3부

—

상대방의
주장에서
문제점 찾기

7

반례를
제시하라

카운터펀치의 위력

카운터펀치는 권투에서 상대 선수가 자기를 향하여 팔을 뻗으며 공격하여 오는 순간 되받아치는 기술을 말한다. 요즘은 권투보다 격투기가 더 인기가 있으니 격투기의 기술이라고 하는 게 더 이해가 빠를 터이다. 격투기에서는 그냥 '카운터'라고 많이들 부른다.

카운터펀치도 펀치의 하나이지만 그냥 펀치에 견줄 수 없이 위력이 세다. 그것은 상대방이 체중을 실어 펀치를 날리는 찰나 그 타이밍에 앞서 상대방을 맞받아치기에, 나의 타격력에 상대방의 체중까지 합해지기 때문이다. 권투나 격투기에서 적어도 주먹 기술로만 놓고 볼 때 최고라고 할 만하다.

'카운터'는 논증에서도 쓰는 말이다. 반례 또는 반증이라고 할 때 카운터를 붙인다. 반례는 'counterexample'이고, 반증은 'counterargument'이다. 물론 '카운터'라는 말 자체가 '반대' 또는 '반박한다'는 뜻을 가지고 있다. 권투에서 카운터펀치가 위력이 있듯이 논증에서 반례 또는 반증도 위력이 있다. 상대방이 제기한 바로 그 논증을 이용하여 상대방을 맞받아치기 때문이다.

예외가 있다는 반박

반례의 방법은 세 가지가 있다. 가장 간단한 형태는 글자 그대로 반대가 되는 사례를 제시하는 것이다. 누군가가 보편 주장의 형태로 주장을 한다면 거기에 예외가 있다는 것을 제시하기만 하면 된다. '보편 주장'이라는 것은 모든 것에 두루 적용된다고 주장하는 것을 말한다.

> 한국에서는 어디서든 휴대전화를 두고 잠깐 자리를 비워도 잃어버리지 않는다.
> 고양이들은 모두 우유를 좋아한다.

위 보기에서처럼 '모두', '언제나', '어디서나'가 붙으면 보편 주장이다. 사실 그런 말도 안 붙이지만 그런 의도로 말할 때가 더 많다. 위 보기들도 '한국에서는 휴대전화를 두고 잠깐 자리를 비워도 잃어버리지 않는다.'라거나 '고양이들은 우유를 좋아한다.'라고, '어디서든'이나 '모두'를 빼고 말해도 그런 의도이다.

‘어디서든’ 또는 ‘모두’라고 말했으므로, 안 그런 사례, 곧 예외가 있다고 말하면 쉽게 반박이 된다. 내가 아는 누구는 잠깐 자리를 비웠는데 휴대전화를 잃어버린 적 있다거나, 내가 아는 고양이는 우유를 싫어한다고 말하면 그만이다.

내 말은 그게 아니라……

보편 주장은 단 하나의 예외만 들어도 공격이 되니 반박이 아주 쉽다. 그래서 예외가 있다는 비판을 받으면, "내 말은 대체로 그렇다는 말이지."라고 피해 간다. ‘대체로’가 들어가는 주장은 보편 주장이 아니라 ‘통계적 주장’이라고 부른다. 예외가 있다는 것을 처음부터 인정하고, 언제 어디서나는 아니지만 그래도 대체로 성립한다고 주장하는 것이다.

대체로 그렇다는 통계적 주장에는 반박하기가 만만치 않다. 대체로도 그렇지 않다고 반박해야 하는데 그러기 위해서는 반박하는 쪽에서도 통계 데이터를 들이밀어야 하기 때문이다. ‘대체로’ 그렇다는데, 그렇지 않은 사례를 몇 개 꺼내드는 것으로는 한계가 있다. 경찰청 홈페이지에서 휴대전화 도난 통계를 찾아 제시하는 것만으로는 안 된다. 그것이 다른 도난 통계 못지않게 많다는 것까지 보여 주어야 한다. 우유를 싫어하는 고양이 통계가 있을까? 백과사전에서 고양이의 습성을 찾아 고양이는 우유를 소화하지 못한다고 반박해야 할 것이다.

이런 수고를 하기 싫으면 **앞 장**에서 말했듯이 증명 책임을 상대

반례를 언급하는 것과 제12장에서 살펴볼 '성급한 일반화의 오류'라고 반박하는 것은 약간 다르다. 반례를 언급하는 것은 한국에서는 대체로 휴대전화를 두고 잠깐 자리를 비워도 괜찮지만 반드시 그런 것은 아니라는 것이고, 성급한 일반화라고 지적하는 것은 한국에서 휴대전화를 두고 잠깐 자리를 비워도 괜찮은 한두 사례를 보고 언제나 그렇다고 일반화하는 것이 잘못이라고 말하는 것이다. 일반화에서 시작하여 예외인 사례 쪽으로 가는지, 사례에서 시작하여 일반화 쪽으로 가는지 그 접근 방향이 다르다.

방에게 떠넘기는 방법이 있다. "한국에서는 정말로 휴대전화를 두고 잠깐 자리를 비워도 잃어버리지 않는 경우가 많다고? 근거 있어?"라거나, "정말로 우유를 좋아하는 고양이가 더 많아? 네가 어떻게 알아?"라고 묻는 것이다. 내가 하기에는 귀찮은 통계 찾기나 습성 찾기를 상대방에게 시키는 것이다.

보편 주장은 예외를 허용하면 쉽게 반박이 되니 통계적 주장을 하는 것이 훨씬 안전하다. 그런데도 사람들은 감정이 격해지면, 주로 싸움을 하거나 비난을 할 때면, 보편 주장을 하는 버릇이 있다. 부부 싸움을 할 때 "당신은 맨날 그래."라고 말하거나, 아이를 혼낼 때 "너는 항상 왜 그 모양이니?"라고 말하는 것이 그런 예이다. 그럴 때는 "내가 언제 맨날 그래? 안 그럴 때도 있어."라고 대거리하면 된다. 그러다가 등짝을 한 대 맞겠지만. (보편 주장을 둘러싼 문제는 **제13장**에서 다시 언급하겠다.)

자연스럽다고 옳은 일인가?

두 번째 반례의 방법도 상대방의 보편 주장에 예외를 제시하는 것이기는 하다. 그런데 상대방의 보편 주장이 단순히 사례들을 모아 놓기만 한 주장이 아니라 거기서 어떤 가치 판단을 하는 주장인 경우이다. 이때 그 주장을 직접 공격하지 않고 그 주장으로부터 말하려고 하는 바가 따라 나오지 않는다고 공격하는 방법이 있다. 채식주의를 둘러싼 논쟁은 오래되었지만 아직도 계속되고 있다. 고기를 먹는 것을 옹호할 때 다음과 같은 근거가 흔하게 제시된다.

> 약육강식은 자연에서 자연스러운 일이다. 그러므로 육식은 도덕
> 적으로 문제가 없다.

약육강식이 자연에서 자연스러운 일이라는 전제에는 '언제나'라
는 말은 붙어 있지 않지만 그런 의도이다. 따라서 이것을 반박하
기 위해서는 자연에서 약육강식이 일어나지 않는 사례를 보여 주
면 될 것 같다. 그런 게 있을까? 있다고 하더라도 역시 '대체로'라
는 말로 빠져나갈 것이다. 그래서 약육강식은 자연에서 자연스러
운 일임을 솔직히 인정하자. 그래도 육식은 도덕적으로 문제가 없
다는 결론이 따라 나오는가? 위 논증에는 다음과 같은 전제가 숨
어 있다. (숨은 전제는 **제14장**에서 자세히 다룰 것이다.)

> 약육강식은 자연에서 자연스러운 일이다.
> (약육강식은 도덕적으로 문제가 없다.)
> 그러므로 약육강식의 하나인 육식은 도덕적으로 문제가 없다.

정말로 약육강식은 도덕적으로 문제가 없는가? 여기에는 반례
를 얼마든지 제시할 수 있다. 다시 말해서 도덕적으로 문제가 되는
약육강식 사례를 들면 된다. 당장 힘이 센 아이들이 힘이 약한 아
이들을 괴롭히면서 "약육강식이니 문제가 없어요."라고 한다고 해
서 동의하겠는가? 대기업이 힘으로 중소기업을 괴롭히면 역시 도
덕적으로 문제가 없다고 말하겠는가? 힘센 나라가 힘이 약한 나라

를 쳐들어가도 도덕적으로 괜찮은가? 현실은 시궁창이므로 그런 일이 비일비재하지만, 적어도 도덕적으로 문제가 없다고 당당하게 말하지는 않는다. 약육강식이 도덕적으로 문제가 없지 않다는 반례는 흔한 것이다.

자연에서 일어나는 일이므로 도덕적으로 문제없다는 주장은 철학의 전문 용어로 '자연주의의 오류'라고 비판받는다. 오류라고 이름이 붙은 이유는 방금 보았듯이 자연에서 일어나는 일이라고 해서 모두 옳은 것은 아니기 때문이다. '자연주의의 오류'라는 어려운 말을 써서 반박해도 되겠지만, 자연에서 일어나지만 옳다고 말할 수 없는 일을 이렇게 반례로 보여 주면 더 설득력이 있을 것이다. (자연주의의 오류는 **제11장**에서 애매어의 오류를 말하면서 다시 말하겠다.)

"히틀러도 그랬어"

세 번째 반례의 방법은 상대방의 논증을 똑같이 따라 하는 것이다. 그런데 따라 한 그 논증이 말도 안 되는 논증이다. 그러니 본디의 논증도 말이 안 된다는 것을 보여 주는 방식이다. 역시 채식주의 반대 논증을 보자. 채식주의 논쟁에서 히틀러가 채식주의자였다는 이야기가 자주 거론된다. 히틀러가 제1차 세계대전 이후에는 건강상의 이유로 고기뿐만 아니라 술과 담배도 하지 않았다는 이야기도 있고, 그런 말은 다 조작이라는 이야기도 있다. 히틀러가 정말로 채식주의자였는지 아닌지는 확인할 수도 없지만 중요한 것도 아니다. 일단 채식주의자라고 해 보자. 그런 주장을 하는 사람은 이런 논증을 하고 있다.

> 히틀러는 채식주의자였다.
> 히틀러는 사악한 사람이다.
> 따라서 채식주의는 사악하다.

이 논증은 엉터리이다. 그런데 왜 엉터리인지 알려면 삼단 논법을 좀 공부해야 한다. (삼단 논법에서는 이런 논증을 '매개념 부주연의 오류'라는 어려운 이름으로 부른다.) 설령 공부했다고 해도 삼단 논법을 모르는 사람에게 설명하기도 난감하다. 가장 쉬운 방법은 위 논증과 똑같은 형식을 띠고 있는데 누가 봐도 엉터리인 논증을 반례로 제시하는 것이다. 그런 다음에 이렇게 말하면 된다. "이것 봐! 이 논증이 말도 안 되지? 그러니 똑같은 형식의 이 논증도 말이 안 되는 거야." 다음과 같은 논증이 그런 반례이다.

> 히틀러는 남자였다.
> 히틀러는 사악한 사람이다.
> 따라서 남자는 사악하다.

혹시 남성 혐오론자라면 이 논증이 엉터리라고 생각하지 않을지도 모른다. 오히려 무릎을 치며 "그것 봐! 역시 남자는 모두 사악해."라고 외칠지도 모른다. 그래도 걱정 없다. 위 논증과 같은 형식의 엉터리 논증은 얼마든지 만들 수 있으니까. '남자' 자리에 '사람'을 넣어 보라.

"히틀러도 그랬어."는 아주 많이 써먹는 반박 방법이다. 그러나 히틀러가 천하의 개쌍놈인 것은 맞지만, 그가 믿은 모든 것이 잘못은 아니다. 히틀러도 2 + 3은 5라고 믿었겠지만 2 + 3이 5가 아닌 것은 아니지 않은가? 우리나라에서는 "히틀러도 그랬어."보다 더 많이 쓰이는 반박 방법은 '종북'이다. 우리나라 사람들에게 김일성과 그의 집단은 히틀러 못지않게 천하의 개쌍놈이기 때문이다. 히틀러가 여러 면에서 비난받아 마땅해도 그가 믿은 모든 것이 잘못이라는 결론은 따라 나오지 않는다. 마찬가지로 김일성과 그의 집단은 여러 면에서 비난받아 마땅해도 그가 믿은 모든 것이 잘못이라는 결론은 따라 나오지 않는다. 김일성도 미국의 수도는 워싱턴이라고 믿었겠지만 그게 틀린 것은 아니지 않은가? 그러므로 예컨대 주한 미군 철수를 김일성과 그의 집단이 주장한다는 이유만으로 잘못이라고 말할 수는 없다. 그것이 잘못인 독립적인 근거를 제시해야 한다. 그래도 여전히 종북몰이를 한다면, "히틀러가 채식주의자라고 해서 채식주의가 사악해? 그건 아니지?"라는 식으로 반박하면 된다. 그래도 여전히 종북몰이를 한다면, "김일성도 미국의 수도는 워싱턴이라고 믿던데, 너도 그렇게 믿지? 너도 종북이네."라고 맞받아쳐라. 자기도 억울해야 남이 억울한 것을 안다.

'히틀러도 그랬어.'는 효과가 있지만 잘못된 논증이기에 '잘못된 연상의 오류'나 '히틀러에게 호소하기', '나치 카드 놀이하기'와 같은 이름이 붙는다. 미국의 변호사이자 작가인 고드윈Mike Godwin이 이런 논법을 지목했기에 '고드윈의 법칙'이라고도 불린다.

네 논리대로라면

반례를 만드는 마지막 방법은 좀 어려울 것 같다. 그러나 사실은 우리가 일상생활에서 자주 쓰는 논증 방식이다. '네 논리대로라면' 또는 '그런 논리라면'이라는 말로 시작하는 반론이 바로 반례를 만드는 것이다. 네 논리를 그대로 적용하면 누구나 부당하다고 생각되는 다른 논증도 받아들일 수밖에 없으니 애초의 네 논리는 틀렸다고 주장하는 것이다. 음식이든 영화든 무엇을 평가하면 이렇게 대거리하는 사람이 꼭 있다.

▎ 음식값이 그렇게 비싸면 네가 직접 만들어 먹든가.

이 주장에 이렇게 말할 수 있다.

▎ 네 논리대로라면, 쌀이 비싸면 벼를 직접 길러 밥을 해 먹고 소고 깃값이 비싸면 소를 직접 길러 고기를 먹어야겠네.

쌀을 직접 길러 밥을 해 먹고 소를 직접 길러 고기를 먹을 수는 없는 노릇이다. 이 주장이 엉터리라고 생각한다면 똑같은 논리로 본디의 주장도 엉터리이다. 상대방의 주장을 맞받아치는 카운터이다.

대학에 장애인의 이동권을 위해 엘리베이터 설치를 요구했다. 그랬더니 "오래된 건물이라 엘리베이터가 없는 것은 어쩔 수 없어요."라는 답이 돌아온다. "그런 논리라면 유럽이나 미국의 대학교에는 엘리베이터가 없어야겠네요."라고 맞받아치면 된다. 이주 인권 활동가인 우춘일의 『깻잎 투쟁기』(교양인, 2022)에는 좀 슬픈 '네 논리라면'이 나온다. 깻잎 농장의 고용주가 캄보디아 출신 여성 노동자들에게 못사는 나라에서 왔으니 최저 임금을 주지 않겠다고 하자, 노동자들은 이렇게 반문했다고 한다. "그럼 못사는 나라에서

왔으니까 세금도 절반만 낼게요. 못사는 나라에서 왔으니까 음식
값도, 버스값도 절반만 낼게요. 그러면 될까요?"

8

비일관성을
지적하라

논증의 제1 덕목

20세기의 가장 유명한 정치 철학자로 존 롤스를 꼽을 수 있다. 롤스의 대표작인 『정의론』은 "사상 체계의 제1 덕목을 진리라고 한다면 정의는 사회 제도의 제1 덕목이다."라는 말로 시작한다. 그러면 논증에서 제1 덕목은 뭘까? 나는 일관성이라고 생각한다. 논리적으로 일관적이라는 것은 앞뒤가 맞고 한결같다는 뜻이다. 쉽게 말해 앞에서 한 말을 뒤에서 뒤집지 않는다는 말이다. 거꾸로 비일관적인 것은 앞뒤가 안 맞는 말을 하는 경우이다.

비일관적이라는 것은 '모순'이 있다고 말해도 된다. 모순이라고 하면 흔히 창과 방패의 고사를 떠올리는데, 논리학에서 말하는 모순은 꽤 엄격한 뜻이다. 모순의 논리학적 의미는 두 명제가 동시에 참일 수도, 동시에 거짓일 수도 없다는 뜻이다. 다시 말해서 한 명제가 참이면 다른 명제는 거짓이 되고 한 명제가 거짓이면 다른 명제는 참이 될 때, 그럴 때 두 명제는 모순 관계라고 말한다. 예컨대 '지금 창밖에는 비가 온다.'와 '지금 창밖에는 비가 오지 않는다.'는 모순 관계이다.

모순이 아닌 창과 방패 고사

그런데 창과 방패 고사는 정확하게 진술하지 않으면 모순 관계가 되지 않을 수 있다. 창과 방패를 파는 상인이 "어떤 창도 이 방패를 뚫지 못합니다. 그리고 어떤 방패도 이 창을 막지 못합니다."라고 말했다고 하자. 두 명제가 논리학의 의미에서 모순 관계가 되려면 '어떤 창도 이 방패를 뚫지 못합니다.'가 참일 때 '어떤 방패도 이 창을 막지 못합니다.'가 거짓이 되어야 하고, 거꾸로도 마찬가지여야 한다. 그러나 어디 그런가? 이 방패를 뚫는 어떤 창이 있으면 첫 번째 명제는 거짓이 되고, 그 방패가 아닌 다른 방패가 있는데 그 창을 막는다면 두 번째 명제도 거짓이 된다. 다시 말해 상인은 두 번 다 거짓말을 한 것이다. '어떤 창도 이 방패를 뚫지 못합니다.'와 논리적 의미에서 모순 관계가 되는 명제는 '어떤 창은 이 방패를 뚫습니다.'이다. 똑같은 방패에 대해 언급해야 한 명제가 참이면 다른 명제는 거짓이 되고, 한 명제가 거짓이면 다른 명제는 참이 될 수 있다. (실은 반대 관계인데 모순 관계로 착각할 때 흑백 논리가 된다. 흑백 논리는 **제21장**에서 자세하게 말하겠다.)

창과 방패 고사는 논리적으로 모순 관계가 아닐 수 있다. 모순이 모순이 아닌 것이다. 그렇다고 해서 고사를 엄격하게 모순 관계로 만들면 재미는 반감된다. 상인이 과장을 했기에 고사로서의 재미가 있었던 것인데.

여기까지 이해하는 데 꽤 머리 아플 수 있겠다. 설명하는 나도 마찬가지이다. 그럼에도 창과 방패 이야기를 꺼내는 이유는 창과 방패 고사마저도 모순이 아닐 수 있기에 모순이라는 말을 쓰지 않고 비일관성이라는 말을 쓰겠다고 말하기 위해서이다. 일관성은 모순과 달리 논리학에서 엄격하게 정의해서 쓰는 말은 아니기 때문이다. '어떤 창도 이 방패를 뚫지 못한다.'와 '어떤 방패도 이 창을 막지 못한다.'는 동시에 거짓일 수 있다고 했는데, 동시에 참일 수는 없다. 이런 관계는 반대 관계라고 부른다. 쉬운 예를 들자면 '이 종이는 흰색이다.'와 '이 종이는 검은색이다.'는 반대 관계이다. 이 종이가 흰색이면서 동시에 검은색일 수는 없으니까 동시에 참일 수는 없지만, 흰색도 검은색도 아닐 수 있으니 동시에 거짓일 수는 있기 때문이다. 누군가가 "이 종이는 흰색이다."라고 말했다가 "이 종이는 검은색이다."라고 말하면 논리학을 아는 사람이라면 모순적인 사람이라고 말하기는 어렵겠지만 비일관적인 사람이라고 말할 수는 있겠다. 모순 대신에 비일관성이라는 말을 쓰겠다는 말을 머리 아프면서도 길게 이야기한 이유가 이것 때문이다.

왜 일관적이어야 하는가?

앞서 롤스를 빗대어 말했지만 일관되지 못한 말을 하는 것은 논증에서 큰 악덕이다. 논리학적 관점에서 보면 악덕도 그런 악덕이 없다. 논리학에서는 모순 명제를 말하면(예컨대 "P이다."라고 말하고 동시에 "P가 아니다."라고 말하면) 거기서 어떤 명제도 이끌어 낼

모순 명제로부터 어떤 명제든 도출된다는 것은 '폭발의 원리'라고 부른다. 아무 말이나 터지는 것이다. 이 원리를 라틴어로 Ex Falso Quodlibet라고 하는데, '거짓으로부터 뭐든지.'라는 뜻이다.

수 있기 때문이다. 왜 그런지 이해하기 위해서는 약간의 기호 논리학 지식이 필요하기에 여기서 설명할 수는 없지만, 어쨌든 모순 명제가 있으면 그것으로부터는 어떤 명제도 도출된다. "도깨비가 있다."라고 말해도 참이 되고, "지구가 평평하다."라고 말해도 참이 된다. 그야말로 '아무 말 대잔치'가 된다. 그러니 사람은 일관적이어야 한다.

사람이 일관적이어야 할 이유에 대해 꼭 이렇게 어려운 논리학적 이유를 들지 않아도 된다. 자신이 한 말을 뒤집는 사람을 신뢰할 수 있을까? 나중에 **제18장**에서 인신공격을 말할 때 다시 언급하겠지만, 이랬다저랬다 하는 사람을 믿지 않는 것은 인지상정이고, 비논리적인 태도도 아니다. 대놓고 일관성 없이 조리가 없는 말을 하는 사람이라면 자신의 정신 상태를 점검해 봐야 할 것이다.

생각이 바뀌었어

대부분의 사람들은 그 정도는 아니다. 비일관적이라고 할 때 대체로 두 가지 경우에 해당한다. 첫 번째는 워낙 옛날에 한 말이라 그런 말을 했는지 잊어버리거나, 생각이 바뀌어 그때와 다른 말을 하는 경우이다. 누구나 세월이 지나면 생각이 얼마든지 바뀔 수 있다. 옛날에는 그렇게 생각했는데 지금은 다르게 생각한다고 솔직하게 인정하면 비일관적이라고 반박받을 일은 없다.

철학자 칼 포퍼가 "20살에 사회주의자가 아닌 사람은 심장이 없는 것이고 40살에 여전히 사회주의자인 사람은 머리가 없는 것이다."라는 말을 했다고 한다. 이 말은 "젊었을 때 마르크스주의자가 아닌 자는 바보이고, 늙어서까지 마르크스주의자로 남아 있는 자는 더 바보이다."라는 말로 전해지기도 한다. 포퍼가 **제4장**에서도 말한 반증 가능성을 이용해서 마르크스의 변증법적 유물론을 사이비 과학이라고 비판한 것은 맞지만, 어느 쪽이 됐든 저런 말을 한 적은 없다. 이른바 가짜 명언이다. 그럼에도 이 말을 소개한 이유는 정말로 젊었을 때 사회주의자였다가 나이 들어 그 사상을 포기한 사람이 얼마든지 있을 수 있다는 것을 말하려고 하는 것이다. (우리나라에서는 사상을 포기한 정도가 아니라 열렬한 반대 세력이 되는 사례가 더 많다.) 그렇다고 해서 배신자라는 소리를 들을지는 모르겠지만 적어도 비일관적이라는 반박을 받지는 않는다.

이중 잣대

비일관적이라고 말할 수 있는 두 번째 경우가 비일관적이라는 반박을 받아도 싼 경우이다. 이것은 생각이 바뀐 것을 인정하지 않았는데, 앞뒤가 안 맞는 진술이 드러났을 때이다. 뚜렷한 신념을 가지고 그런 말을 한 게 아니라 상황에 따라 또는 이권에 따라 이랬다저랬다 하기에 그런 일이 생긴다. 자영업을 하는 사람이 최저 임금을 더는 올려서는 안 된다고 주장한다고 하자. 그러나 그는 얼마 전까지 종업원으로 일할 때는 최저 임금이 너무 낮다고 불만을 내

뱉던 사람이다. 임금을 주는 처지와 받는 처지에 따라 정반대의 의견이 된 이유를 설명하지 못하는 이상 비일관적이라고 비판받아야 한다. 드라마 〈송곳〉(2015)의 명대사 "서는 데가 바뀌면 풍경도 달라지는 거야."로 퉁치기에는 옹색하다. 이런 비일관성은 '이중 잣대 double standard'라는 말로 많이 일컬어진다. 우리말에서는 '내로남불'이 더 많이 알려져 있다.

특히 정치인들이 표만 의식해서 공약을 남발하다 보니 앞뒤가 안 맞는 말을 한다. 더구나 정치인들은 자신들이 한 말이 공약의 형태로 남겨지기도 하고, 언론 인터뷰, 사회 관계망 서비스(SNS) 따위를 일반인보다 훨씬 많이 하기에 앞뒤가 안 맞는 말을 할 가능성이 훨씬 크다. 꼭 정치인이 아니더라도 SNS 활동을 많이 하는 유명인(셀럽)도 마찬가지이다. SNS로 그렇게 많은 말을 하는데, 앞뒤가 안 맞는 말이 왜 없겠는가?

ㅇ적ㅇ

이럴 때 비일관성을 지적하기는 상대적으로 쉬워 보이기는 하지만 그런 비판을 하기 위해서는 대신에 부지런해야 하고 기억력도 좋아야 한다. 정치인이든 유명인이든 과거에 했던 말을 샅샅이 뒤져야 하고, 중요하지 않은 말이라도 기억해야 하기 때문이다. 정치인이나 유명인의 비일관적인 말이 사소한 것일 수 있다. 사람이 언제나 일관적일 수도 없는 노릇인데, 그렇게 많은 말을 하면 앞뒤가 안 맞는 말이 왜 없겠는가? 그 사람의 전체적인 신념이나 기품에

내로남불은 '내가 하면 로맨스, 남이 하면 불륜'의 준말이지만, 워낙 널리 쓰여서 사자성어로 아는 사람도 있다. 동서고금을 막론하고 가장 유명한 비일관적 태도이다. 내로남불의 영어 표현인 'Naeronambul'은 영문 위키백과에도 문서가 있다.

견주어 볼 때 그렇게 중요한 것이 아닐 수도 있다. 그래도 비일관적이라는 반박은 타격이 크다. 그러니 정치인이나 유명인을 비판하고 싶으면 과거에 한 말들을 잘 뒤져 보라. 앞뒤가 안 맞는 곳이 어딘가 있을 것이다.

그런 비일관성이 특히 심한 정치인이나 유명인이 있다. 그래서 나온 유행어가 '○적○'이다. ○ 자리에는 정치인이나 유명인의 이름이 들어간다. 예컨대 (정치인도 유명인도 아니지만 순전히 예를 들기 위해 말하자면) '최적최'라고 하면 '최훈의 적은 최훈이다.'라는 뜻이다. 최훈이 지금 하는 말이 과거에 스스로 했던 말과 일관적이지 못함을 지적하기 위함인데, 'ㅇ적ㅇ'라고 부를 정도라면 일관적이지 못한 말들의 목록이 꽤 많아야 할 것이다.

앞뒤가 안 맞는 말 찾기

사실 정치인이나 유명인이 아니라면 과거의 발언과 비교해서 비일관적이라고 반박하기가 쉽지 않다. 일반인의 말은 예전에 이런 말 하지 않았느냐고 일일이 기억할 수도 없고, 설령 그런 말을 했더라도 SNS 같은 것을 하지 않는다면 증거를 대기도 어렵기 때문이다. 그럴 때는 지금 하는 말들에서 비일관성을 지적하여 반박하는 방법이 최선이다. 그러나 정신 상태가 이상한 사람들이 아니고서야 대놓고 "지구는 둥글지. 그러면서 평평해."라고 모순된 말을 하지는 않을 것이다. 따라서 상대방의 말에서 어떤 함축을 찾아내어 그것들이 앞뒤가 안 맞는다는 것을 지적해야 한다. 예를 들어 다음과 같은 주장을 보자.

> 대학에 자율권을 최대한 주어야 한다. 그러나 고등학교 교육을 파행시켜서는 안 된다. 본고사나 고교 등급제를 허용하면 고등학교 교육을 망치게 될 것이다.

대학의 자율권을 제한하는 핵심 주장이 본고사, 기여 입학제, 고교 등급제를 전면 금지하는 이른바 '3불 정책'이다. 대학에 자율권을 최대한 주어야 한다고 하면서 그것들을 허용해서는 안 된다고 주장한다면 일관적이지 못하다.

다른 보기를 들면, 의사 수를 늘려야 한다는 근거의 하나로 다른 국가에 견줘 의사의 수입이 과도하다는 점이 지적된다. 이런 주장에 자유주의 국가에서 수입이 많은 것이 왜 문제냐고 반박한다. 그러나 의사 수를 제한하는 것은 자유주의 원칙에 어긋난다는 것은 생각지 못하거나 인정하지 않는다. 역시 비일관적이다.

물도 좋고 교통도 좋은 곳이 있는가?

이런 식의 반박은 어떤 주장이 함축하는 바를 읽어 낼 줄 알아야 하기에 쉬운 방법은 아니다. 다른 학문도 마찬가지겠지만, 철학자들이 논문에서 주로 하는 작업이 상대방 주장에서 어떤 함축을 이끌어 내어 그것들 사이의 모순을 지적하는 것이다. 철학 전문가가 아니라면 그런 반박을 하기도, 이해하기도 어렵다. 경제나 과학 같은 전문 영역도 마찬가지이다. 그 함축을 읽어 내기가 만만치 않다. 정치인이 이런 공약을 내세운다고 해 보자.

> 제가 당선되면 재임 기간에 연 5퍼센트 이상 경제 성장을 이루어 내겠습니다. 그리고 물가도 꼭 잡겠습니다.

경제학에서 서로 반비례 관계에 있는 것을 트레이드오프(상쇄)라고 한다. 성장률을 높이기 위해 시중에 돈을 풀면 물가가 오르게 되므로 현실적으로 성장과 물가는 동시에 잡을 수 없다는 것이 대표적인 예이다. 세상에 좋은 것을 다 가질 수는 없다. 하나를 잡으면 다른 하나는 포기해야 한다. 물도 좋고 교통도 좋은 곳이 있는가? 남북 관계와 한미 관계가 동시에 좋을 수 있는가? 정년도 늘리고 청년 일자리도 늘릴 수 있는가? 비일관적이라는 반박을 하기 위해서는 이렇게 동시에 있을 수 없는 것을 잡아낼 수 있어야 한다. 그러기 위해서는 공부해야 한다.

9

물귀신 작전을
쓰라

나만 당할 수 없다

앞 장에서는 상대방의 주장이 일관적이지 못하면 그것을 지적하라고 강조했다. 이번에는 일관성을 더 적극적으로 요구해야 한다고 말하겠다. 일관적으로 대우하라는 것이다. 누군가가 P라고 주장한다. 이때 P를 직접 반박하는 것이 아니라, P와 다를 바가 없다고 생각되는 Q를 끌어들여 P와 Q를 똑같이 대우하라고 요구하는 것이다. 애초에 P라고 주장하는 쪽은 Q까지 받아들이는 데에 주저한다. 그러나 따지고 보면 P와 Q는 별로 다를 게 없다. 따라서 P라는 주장은 설득력을 잃게 되는 것이다. Q가 물귀신이 되어 P까지 잡고 들어가는 것이다. 나만 당할 수 없다!

　(전통적으로 논리학에서 동일률['A는 A이다.'], 배중률['A이거나 A가 아니거

나 둘 중 하나이다.']과 함께 무모순율['A이면서 A가 아니어서는 안 된다.']은 사고의 기본 법칙으로 꼽혀 왔다. '무모순율'은 '모순율'이라고도 많이 하지만 모순이 없어야 한다는 것이 법칙의 내용이므로 '무모순율'이 정확한 표현이다.)

의문의 1패

아직도 개고기 논쟁이 반복되고 있다. 개고기 식용에 찬성하는 쪽이 가장 많이 드는 반박의 근거는 소고기·돼지고기는 먹으면서 왜 개고기만 먹어서는 안 되느냐는 것이다. 이런 반박에는 소고기·돼지고기와 개고기 사이에는 아무런 차이가 없다는 일관성이 전제되어 있다. 소·돼지나 개는 똑같이 먹을 수 있는 가축이다. 그런데 왜 소고기·돼지고기는 되고 개고기는 안 되는가? 소고기·돼지고기와 개고기를 한통속으로 몰아간다.

일관성을 지킨다면 개고기를 먹으면 안 되듯이 소고기·돼지고기도 먹으면 안 된다고 주장할 수도 있다. 당연한 말이지만 위와 같은 반박을 하는 쪽은 소고기·돼지고기도 먹으면 안 된다는 주장을 하려는 것이 아니다. 소고기·돼지고기를 먹지 않을 수 없듯이 개고기도 먹지 않을 수 없다고 주장하려는 것이다. 그리고 개고기 식용을 반대하는 쪽도 소고기·돼지고기를 계속 먹는다는 것을 알기에 이를 물귀신 삼아 개고기 식용 반대에 반박하는 것이다.

소고기를 좋아하는 사람들은 왜 애먼 소고기를 끌어들이느냐고 생각할 수 있겠다. 그럴 일은 별로 없겠지만, 위 반박대로라면 개고기를 못 먹게 되듯이 소고기도 못 먹게 되는 것 아니냐고 걱정할 테니까. 이럴 때 '의문의 1패'라는 말을 쓴다. 만약 소고기나 돼지고기도 못 먹게 된다면 의도치 않게 다른 것과 비교되어 손해를 입게 되었기 때문이다.

'개나 소나'라는 관용구가 있는데 '아무나'라는 뜻으로 쓰인다. 개는 천한 것, 소는 귀한 것을 대표해서 천하든 귀하든 아무나 끼어든다는 뜻이 된 것 같다. 그게 이제는 개는 먹어서는 안 되는 것, 소는 먹어도 되는 것으로 바뀌었으니 역전되었다.

물귀신이나 피장파장이나

이제 논쟁은 개와 소·돼지가 차이가 있느냐 없느냐로 흘러갈 것이다. 이것은 훌륭하고 바람직한 논증 방향이다. 개와 다른 동물의 차이가 논점이 되면서 고기를 먹는다는 것의 윤리적 의미가 깊이 논의될 것이기 때문이다. 그러나 물귀신 작전은 논점을 흩트려 놓는다는 비판을 받는다. 논증에서 '물귀신 작전'이라는 이름은 내가 쓰기 시작한 것이기에 널리 쓰이는 말은 아니다. (물귀신은 우리나라 귀신이라 다른 나라 사람들이 물귀신 작전이라는 말을 이해할지 모르겠다. 물귀신은 영어로 Korean Water Ghost라고 한단다. 물귀신 작전과 비슷한 논증으로 한통속으로 몰아가기companions in guilt가 있는데, 이론 철학에서 쓰이는 흔하지 않은 논증이다.) 이것과 비슷하면서 유명한 것이 '피장파장' 논증이다. 나를 비난하는 상대방에게 "그러는 너는 깨끗한가?", "너는 그런 적 없느냐?"라고 대거리하는 것이다. 다음 대화를 보자.

(젊은이가 길바닥에 침을 퉤 뱉는다.)
할아버지: 젊은이, 길바닥에 침 뱉으면 쓰나?

나중에 **제18장**과 **제19장**에서 피장파장을 본격적으로 말할 때 이 대화를 가지고 다시 자세하게 말하겠지만, 할아버지가 길바닥에 침을 뱉은 적이 있다고 해서 젊은이가 길바닥에 침을 뱉은 행동이 옳게 되는 것은 아니다. 그러나 '너는 그런 적 없느냐?'로 논점이 옮겨 감으로써 논점이 흩트려지게 되었다. 젊은이의 행동이 옳은지가 논점인데도 말이다.

물귀신 작전과 피장파장 논증의 차이점은 피장파장 논증은 이의를 제기한 당사자의 행동이나 품성으로 논점을 옮겨 가는 것인 반면에, 물귀신 작전은 이의를 제기한 사람과는 상관없는 주제로 논점을 옮겨 간다는 것이다. 비유를 하자면 교통 법규를 위반해서 단속이 되었을 때 가령 "당신도 교통 법규 안 지키면서 왜 나만 단속하느냐?"라고 따진다면 피장파장 논증일 테고(교통경찰에게 이렇게 따지지는 않겠지만), "저 사람들도 다 위반하는데 왜 나만 단속하느냐?"라고 볼멘소리를 하는 것은 물귀신 작전이다.

논점 흐리기

물귀신 작전과 피장파장 논증은 모두 논점을 흩트려 놓는다는 혐의를 받는다. 애초의 논증을 직접 반박하기 어려우니 논점을 다른 데로 돌리는 것이라고 말이다. 약간 비겁한 방법처럼 보인다. 피장파장 논증의 논점 흐리기는 **제19장**에서 다룰 예정이니,

여기서는 물귀신 작전이 진짜 논점을 흐리는지만 따져 보자.

2023년 일본 후쿠시마 원자력 발전소 오염수 폐기 때, 폐기를 찬성하는 쪽은 반대하는 쪽에게 왜 중국 원자력 발전소의 냉각수 방류에는 반대하지 않느냐고 말한다. 일본 원자력 발전소의 오염수 폐기가 정당한지 직접 논의하지 않고 애먼 중국 원자력 발전소의 냉각수를 끌어들이는 물귀신 작전이라는 점에서 논점을 흐리고 있다. 중국의 의문의 1패이다.

중국 원자력 발전소의 냉각수와 일본 원자력 발전소의 오염수가 같은 종류라면 일관성이라는 측면에서 얼마든지 문제 제기할 수 있다. 반대쪽에서는 '냉각수'라는 말과 '오염수'라는 말에서 드러나듯 정상적인 발전 과정에서 나오는 냉각수와 사고 후 폐기되는 오염수는 전혀 다른 종류의 것이라고 말할 것이다. (이 용어 문제는 **다음 장**에서 다시 보기로 다룰 것이다.) 그러나 우리는 논증의 생산성 차원에서 생각해야 한다. 일본 원자력 발전소의 오염수 논점이 중국 원자력 발전소의 냉각수 논점으로 옮겨 가는 것은 오염수의 안정성에 대해 논쟁하려는 의도보다는 불리한 논쟁은 하지 않으려는 의도가 강하다. 오염수의 안정성을 주제로 토의하기보다 왜 이 주제는 안 다루냐고 주장하다 보면 논쟁은 소모적이게 되고 논점은 점점 흐려지게 된다.

논쟁을 방해하지 말라

논쟁에서 이런 논점 흐리기는 흔하게 볼 수 있다. 여성 인권을 거론하면 왜 성 소수자 인권에는 눈을 감느냐고 나무란다. 과거에 특정 인물을 비판한 적이 있던 사람에게 왜 사회적 물의를 일으킨 이 사람은 비판하지 않느냐고 부르댄다. 국내 인권을 지적하면 왜 북한 인권에 대해서는 말하지 않느냐고 비판한다. 특정 문제를 거론하지 않는 사람에게 이 세상 모든 문제를 거론하라고 요구할 수는 없다. 왜 애먼 다른 주제까지 다 대답해야 하는가? 몸이 하나뿐인 교통경찰에게 왜 나만 단속하느냐고 볼멘소리를 하는 것이 무의미한 것이나 마찬가지이다. 내가 교통 법규를 위반했느냐가 논점인데 다른 사람을 끌어들이는 것은 논점을 다른 곳으로 돌려 내 논점을 흐리는 것이다. **제2장**에서 논증은 주장을 지지하는 근거와 반대하는 근거를 주고받아 합의된 결론에 이르려는 것이 목적이라고 했다. 논점이 흐려지면 논쟁이 생산적이지 못하고 소모적으로 될 뿐이다. 따라서 논점 흐리기는 의도적인 논쟁 방해로 볼 수 있다.

이에 견줘 개고기 논쟁에서 소고기나 돼지고기는 '애먼 다른 주제'가 아니다. 개고기를 먹지 않아야 한다는 쪽은 실제로 소고기나 돼지고기를 먹고 있거나 또는 먹어도 된다고 말하고 있기 때문이다. 개고기 반대 쪽에서 소고기·돼지고기는 당장 대답해야 하는 문제인 것이다. 따라서 개고기 논쟁에서 소고기·돼지고기를 거론하는 것은 꼭 논점을 흐리는 것이 아니다. 개고기 반대 쪽도 애완동물인 개와 식용 동물인 소·돼지는 전혀 다른 종류라고 말할 것이다. 공통점과 차이점을 제시하는 것만큼 훌륭한 논증이 어디 있는가? 그것을 토론하다 보면 애초의 논점, 곧 개고기를 먹어도 되느냐가 논의될 수밖에 없다. 논점이 흐려지기는커녕 또렷해진다. 그러므로 소고기, 돼지고기를 물귀신으로 끌어들여라. 그러나 중국의 냉각수로 가다 보면 오염수 논쟁으로 돌아오지 않게 된다. 그러므로 누군가가 중국 냉각수를 물귀신으로 끌어들이려고 하면 이렇게 말하라. 논쟁을 방해하지 말라고.

왜 재만?

물귀신 작전은 일관성이 설득력이 있으면 성공한다. 미국에 한정해서 볼 때 대마 합법화가 그런 사례이다. (대마는 **제5장**에서도 보기로 들었다.) 대마 합법화를 주장하는 사람들은 꾸준히 담배를 물귀신으로 끌어들였다. 대마와 담배가 중독성이나 폐해 면에서 별 차이가 없는데 왜 대마만 단속하느냐는 것이다.

만약 둘 사이에 별 차이가 없다면 일관성 측면에서 두 가지 가능성이 있다. 대마가 불법이니 담배도 불법화하는 것과, 담배가 합법이니 대마도 합법화하는 것이다. 만약 전자라면 담배 애연가는 '의문의 1패'가 될 것이고, 후자라면 대마 애연가는 '의문의 1승', 아니, '의도한(!) 1승'이 될 것이다. 적어도 미국의 몇 개 주에서는 대마가 합법화되었으니 후자가 되었다.

우리 사회에는 법적으로든 윤리적으로든 여러 규제가 있다. 그럴 때 물귀신 작전을 써 보아라. "왜 저것은 허용해 주면서 이것은 허용해 주지 않느냐?"라고. 왜 같은 도박인데 카지노는 되고 '하우

물귀신 작전은 나만 죽을 수 없다고 상대방까지 끌고 가는 것이다. 그러나 죽지 않기 위해 발버둥 친다면 둘 다 살 수도 있다. 물귀신 작전은 꼭 둘 다 죽는 쪽을 노리기만 하는 것이 아니라 둘 다 사는 쪽을 노리기도 한다.

스'(사설 불법 도박장)는 안 되는가? 죽이려는 의도는 똑같이 있는데 왜 존엄사(적극적인 치료를 하지 않아 죽게 하는 것)는 되고 적극적 안락사는 안 되는가? 규제하는 주체(정부)가 같으니 논점을 흐리는 물귀신 작전은 아니다. 저것과 이것이 아무런 차이가 없다는 일관성이 설득력이 있다면 상대방에게 새로운 증명 책임을 지우는 효과가 있다. 물귀신에게 끌려가지 않으려면 스스로 발버둥 쳐서 뿌리쳐야 할 테니까.

영화 〈신세계〉에서 경찰인 이신우(송지효 분)는 위장하여 조직에 접근하지만 탄로가 나 고통스럽게 죽을 처지가 된다. 주인공인 이자성(이정재 분)에 의해 이신우는 사실상 적극적 안락사를 당하는데, 영화를 본 사람들은 이를 어쩔 수 없는 선택이라고 생각할 것이다. 그러나 우리 사회에서 적극적 안락사는 불법이다. 왜 그것은 되고 저것은 안 되는가?

롤스가 사회 제도의 제1 덕목이 정의라고 했는데, 정의의 핵심 내용이 공정성이다. 일관성도 결국 공정함을 요구하는 것이므로 정의와 일관성은 상통한다.

제4부

—

언어적
접근으로
반박하기

10

중립적 용어를
쓰라고 말하라

오염수와 처리수

2023년 8월 24일, 일본 후쿠시마 원자력 발전소는 오염수 방류를 시작했다. 그 이전부터 오염수의 안전성을 놓고 논쟁이 벌어졌고 그 논쟁은 방류 후에도 계속되고 있다. 원자력 발전소 사고로 핵 원료가 녹아내리자 냉각수를 넣기도 하고 빗물이나 지하수가 유입되기도 해서 핵 원료와 접촉한 물이 계속 늘어나게 된다. 그것을 별도의 공간에 저장했으나 이제는 감당이 안 되어 바다에 방류하게 된 것이다. 그냥 버리는 것은 아니고 알프스(ALPS)라고 하는 다핵종 제거 설비로 방사성 물질을 걸러 낸 다음에 내보낸다고 한다. 당연하지만 논쟁은 걸러 냈다고 하는 그 물이 안전한가에 집중되어 있다. 알프스라는 설비가 과연 방사성 물질을 모두 걸러 낼 수 있는가, 오작동하지 않는가 따위가 논점이다.

이 글에서는 알프스로 걸러 내어 바다에 방류하는 물을 '오염수'로 부르고 있다. 그런데 그것을 다른 이름으로 부르기도 한다. 방류하는 당사자인 일본 정부와 일부 우리나라 사람들은 '처리수'라고 부른다. '오염수'는 글자 그대로 오염된 물이라는 뜻이다. 다핵종 제거 설비로 걸러 냈을지 모르지만 여전히 오염되어 있다는 뜻으로 들린다. '처리수'는 처리를 끝냈으니 안심해도 된다는 뜻이 내포되어 있다.

'오염수'와 '처리수' 중 어느 쪽을 쓰느냐에 따라 방류 논쟁에서 유리할 수밖에 없다. '오염수'는 오염된 물인데 안전하다고 말할 수 있겠는가? '오염수'라는 말을 쓰면서 방류에 찬성하는 것은 "이거 오염된 물이야. 그치만 마셔도 괜찮아."라고 말하는 셈이다. '처리수'는 처리된 물인데 안전하지 않을 수 있겠는가? '처리수'라는 말을 쓰면서 방류에 반대하는 것은 "이거 깨끗하게 처리한 물이야. 그치만 위험할 수 있으니 마시면 안 돼."라고 말하는 셈이다. 그러니 논쟁에서 상대방을 반박하기 위해서는 어떤 말이 자신에게 불리한지 찾아야 한다. 그래서 중립적인 용어를 쓰자고 해야 한다.

긍정적인 말, 부정적인 말

오염수 논쟁에서는 당연히 알프스로 걸러 내어 방류하는 물이 안전한가가 논점이 되어야 한다. 그러나 전문가라고 하는 사람들의

원자력 발전소. 줄여서 '원전'이라고 많이 말하지만, 원전을 반대하는 쪽은 '핵 발전소'라는 말을 더 많이 쓴다. '핵'이 있으니 왠지 무시무시해 보이는 효과가 있다. 원전은 영어로 Nuclear Power Plant이므로 '원자력 발전소'보다는 '핵 발전소'에 더 가깝다. 원전을 찬성하는 쪽은 '핵'이 주는 느낌이 위협적이기에 이 말을 잘 안 쓰려고 한다. '핵 폐기물'도 '방사성 폐기물'이라고 부르고, '피폭'도 '노출'이라고 부른다. 이 사진은 폐쇄가 결정된 독일 서부의 그론데Grohnde 원전이다.

의견이 다르다. 일반 대중은 그것을 이해하기도 어렵다. (전문가끼리 의견이 다를 때는 어떻게 해야 하는지는 **제15장**에서 다룬다.) 그래서 논쟁에서 유리한 지형을 먼저 차지하는 것이 중요하다. 자신에게 유리한 말을 쓰되 사람들이 눈치채지 못하게 하는 것이다. 그래서 '오염수'나 '처리수' 중 하나를 선점하는 것이 중요하다.

'오염수'나 '처리수' 말고 자신의 입장을 더 극대화하는 용어를 쓸 수도 있을 것이다. 오염수 방류를 반대하는 쪽에서는 '핵 폐수'

나 '피폭수'라는 말을 쓰면 어떨까? 반면에 오염수 방류를 찬성하는 쪽은 '정수' 또는 '정수 과정을 거친 물'이라는 말을 쓰면 어떨까? 아래에서 왼쪽에 있을수록 오염수 방류 반대가 극대화되고, 오른쪽에 있을수록 찬성이 극대화된다.

핵 폐수[피폭수]―오염수―처리수―정수[정수 과정을 거친 물]

그러나 '핵 폐수'나 '피폭수'라는 말은 너무 노골적이어서 자신의 입장이 고스란히 드러난다. '정수'라는 말을 쓰기에는 너무 계면쩍다. 그래서 자신의 의도가 담겨 있으면서도 은밀하게 판을 자신에게 유리하게 가져오는 '오염수'나 '처리수'라는 용어를 쓰는 게 낫다.

언어에는 정보를 전달하려고 하는 기능도 있지만 감정을 전달하려고 하는 기능도 있다. '책상'이나 '원자'와 같은 낱말은 무엇인가를 가리키는 역할만 하지 거기에 무슨 좋고 나쁜 뜻이 담겨 있지는 않다. 그와 달리 '꿈'이나 '엄마'는 어떤 것을 가리키는 역할도 하지만 따뜻하고 밝은 이미지를 준다. 이와 달리 '악마'나 '외로움'은 차갑고 어두운 이미지를 준다.

사실 긍정적이거나 부정적인 감정이 전혀 없고 중립적이기만 한 말은 그리 많지 않다. '원자'는 물질의 구성단위의 하나를 가리키지만 누군가에게는 원자 폭탄을 떠올리게 하기에 부정적인 이미지가 담긴다. 그리고 긍정적이거나 부정적인 의미가 없다가 생기기도 하고, 있다가 없어지기도 한다. '좌파'나 '페미니즘'은 정치나 사회에 대한 특정 사상 중 하나이며, 처음 나왔을 때는 어떤 부정적인 의미가 없었다. 그리고 자유로운 사상을 인정하는 자유주의 국가에서는 여러 사상 중 하나로 인정해야 한다. 그러나 현재 우리 사회에서는 누군가를 '좌파'나 '페미니스트'라고 부를 때는 부정적인 의미를 덧씌우기 위해서이다. 좀 얄궂다.

결국 어떤 감정적 의미가 담긴 언어를 쓰는 것은 흔한 일이기에 그것 자체가 문제가 되지 않는다. 문제는 그것이 근거와 주장의 꼴을 갖춘 논증의 형태가 아니라 눈치채지 못하게 용어 속에 숨겨져 있을 때이다. 가령 다음과 같이 논증을 제시했다고 해 보자.

> 이 물은 다핵종 제거 설비로 처리되었다. 그러므로 바다에 방류해도 괜찮다.

그러면 이 물이 오염되지 않았다고 분명히 주장한다는 것을 알 수 있다. 이제 정말로 깨끗한지를 두고 토론을 벌일 것이다. 그러나 그런 절차 없이 '처리수를 바다에 방류해도 된다.'라고 주장한다면 바다에 버리는 물은 처리된 깨끗한 물이라고 생각하는 전제를 은밀하게 가지고 들어가는 것이다. 논쟁에서 중립적이지 않은 용어를 쓰는 것은 그 용어 자체가 설득적이기도 하지만 이렇게 숨기고 있기 때문에 강력하다. 거기에 말려들지 않기 위해서는 중립적이지 않은 용어를 빨리 찾아야 한다.

아가씨를 아가씨라고 부르는데, 아줌마를 아줌마라고 부르는데 뭐가 문제냐고 생각할 수도 있다. 그러나 언어에는 사회적으로 만들어진 편견이 들어갈 수 있기에, '상대방의 심기를 건드리지 않도록' 주의해야 한다. 편견이 없는 언어를 써야 한다는 생각을 '정치적 올바름political correctness'이라고 부르는데, 여기에 과도하게 집착하는 것에 반감을 보이는 이들도 있다.

동네 상가에서 정수기를 만드는 사업자를 방문한 적이 있다. 그 사업자는 자신이 만든 정수기가 농약도 깨끗하게 정수한다고 홍보했다. 그때 설령 농약을 정수한 물이 깨끗하더라도 누가 마실까 생각했다.

프레임 씌우기

'오염수'든 '처리수'든 특정 용어가 선점되어 논쟁이 진행되면 그 틀 안에서 논쟁이 벌어지니 한쪽에는 유리하고 다른 쪽에는 불리할 수밖에 없다. 이것을 언어학자 조지 레이코프는 "프레임을 씌운다"고 말했다. 이것은 논쟁에서 드물지 않은 일이다. GMO를 우리말로 뭐라고 부를까? '유전자 조작 농산물'이라고 많이 말한다. '조작操作'은 기계 따위를 일정한 방식에 따라 다루어 움직인다는 뜻으로서 어떤 부정적인 뜻은 없다. "기계를 조작한다"라고 말할 때 나쁜 이미지가 떠오르지는 않지 않은가? 그러나 '조작操作'은 기가 막히게도 어떤 일을 사실인 듯이 꾸며 만든다는 부정적인 뜻의 한자어 '조작造作'과 동음이의어이다. GMO를 반대하는 쪽은 '유전자 조작 농산물'이라는 말을 씀으로써 이 농산물은 해로운데 안전한 척한다는 틀 속으로 논쟁을 가져오니 그쪽에 유리할 수밖에 없다. 그래서 GMO에 찬성하는 쪽은 '유전자 변형 농산물'이나 '유전자 재조합 농산물'이라는 말을 쓰려고 한다.

'테러리스트'는 정치적인 목적을 위하여 계획적으로 폭력을 쓰는 사람을 말하는데, 누구에게나 부정적인 의미로 들린다. 우리나라의 경우 과거에는 '테러분자'라는 말을 더 많이 썼는데, '분자分子'가 '불온분자'나 '매수당하기 쉬운 분자'처럼 흔히 부정적인 관점에서 이르는 말이기에 '테러분자'는 '테러리스트'보다 더 부정적으로 들린다. 테러리스트의 정의만 놓고 보면 안중근 의사와 같은 분은 테러리스트가 맞다. 우리나라의 독립이라는 '정치적 목적'을 위해 이토 히로부미를 암살하는 '폭력'을 사용했기 때문이다. 일제나 거기에 아부하는 사람이라면 안중근 의사에게 테러리스트라는 프레임을 씌울 것이다. 자신의 목적을 위해 폭력을 일삼는다는 부정적인 의미를 덧씌우는 것이다. 우리는 그 대신에 의로운 지사라는 긍정적 뜻을 갖는 '의사義士'라고 부른다.

'건전 재정'이라는 말이 쓰인다. 적자가 아닌 재정 정책을 그렇게 부른다. 빚이 없으니 건전하다고 부르는 것 같은데 국가의 재정은 그렇다고 꼭 좋은 것은 아니다. 국가는 호황인가 불황인가에 따라 지출이 수입보다 많을 수도 있고 적을 수도 있으며, 그에 따라 국가가 빚(국채)을 지기도 해야 한다. 그런데 그중 한 가지 정책에만 '건전'하다는 말을 붙이니 다른 정책은 뭔가 불량스러운 것처럼 들린다. '건전 재정'을 반대하는 쪽은 같은 것을 '긴축 재정'이라고 부른다.

논점 선취하기

핵 원료와 접촉한 물을 알프스로 거른 다음에 방류한 물을 '오염수'나 '처리수' 중 하나로 부르는 것은 특정 입장을 전제하는 것이라고 앞서 말했다. 논증은 어떤 근거를 들어 내 주장을 상대방에게 설득하는 것이다. 이때 그 근거는 설득하려는 상대방이 받아들일 수 있는 것이어야 한다. 그래야 상대방이 설득되지 않겠는가? 그렇지 않고 현재 논란이 되는 주장을 입증하지 않은 채 근거로 가져다 쓸 때가 있다. 이것을 논리학의 전문 용어로 '선결문제 요구의 오류' 또는 '논점 선취의 오류'라고 부른다.

이 오류는 전제(근거)와 결론(주장)을 갖춘 논증에서 저질러지는 것이다. 그러나 '오염수'나 '처리수'는 논증이 아닌 용어 차원인데도 그런 오류가 발견된다는 점에서 흥미롭고 주목할 만하다. 특정 입장에 유리한 용어를 씀으로써 논증의 형태는 아니지만 논증처럼 특정 전제를 깔고 있기 때문이다. 알프스로 걸러 방류된 물이 여전히 오염되었는가 깨끗하게 처리되었는가가 논점인데, 그것을 입증하지 않은 채 나에게 유리한 것을 당연하게 받아들인다는 점에서 선결문제를 요구하고 있다.

그러므로 상대방이 나에게 불리한 그런 용어를 쓸 때는 "당신은 선결문제를 요구하고 있습니다."라고 하거나 "당신은 논점을 선취하고 있습니다."라고 비판해도 된다. 이렇게 말하면 뭔가 있어 보이지만 논리학 용어에 익숙하지 않은 상대방이라면 못 알아들을 것이다. "그 용어는 당신에게 유리합니다. 중립적인 용어를 쓰십시오."라고 말해도 된다. 또는 구체적으로 "그게 왜 처리수예요? 깨끗하게 처리되었다는 증거가 있어요?"라고 반박해도 된다.

이래도 저래도 가정 폭력범

선결문제 요구의 오류는 용어뿐만 아니라 질문의 형태에서도 발견된다. 논리학 교과서에는 다음과 같은 예가 자주 나온다.

▌ 당신은 요즘도 부인을 때리나요?

이 질문에 "예."라고 대답할 수도 없고, "아니오."라고 대답할 수도 없다. "예."라고 하면 부인을 예전에도 때렸고 지금도 때린다는 뜻이고, "아니오."라고 하면 지금은 안 때려도 예전에는 때렸음을 인정하는 꼴이기 때문이다. 이런 질문을 논리학에서 '복합 질문의 오류'라고 부른다. 위 질문에는 다음 두 질문이 복합되어 있는데 그것을 구분하지 않는 잘못을 저지르기 때문이다.

▌ 당신은 예전에는 부인을 때렸나요?
▌ 당신은 지금도 부인을 때리나요?

첫 번째 질문에 "예."라고 대답해야 두 번째 질문으로 넘어갈 수 있는데, 두 질문을 함께 묻는 잘못을 저지르는 것이다. 일종의 유도신문이기도 하다. 복합 질문의 오류는 그 질문에 선결문제를 요구하고 있기 때문에 생긴다. 예전에 부인을 때렸느냐는 질문은 입증해야 할 선결문제인데 그것을 당연하게 전제하고 있기 때문이다.

위 가정 폭력(추정)범은 교과서에 나오는 보기이지만, 그런 잘못은 일상의 논증에서도 드물지 않게 볼 수 있다. 야구팬들 사이에서는 설레발의 사례로 유명한 기사 제목이 '타이거즈는 어떻게 다시 강팀이 되었나?'이다. 이 질문을 위해서는 먼저 '타이거즈는 강팀인가?'를 물어야 한다. 그러나 그 질문에 "예."라고 대답하지도 않았는데 "타이거즈는 어떻게 다시 강팀이 되었나?"라고 묻는 것은 어렵게 말하면 선결문제를 요구하는 것이고 쉽게 말하면 설레발이다. 타이거즈는 그 해(2013년)에 9개 팀 중 8위를 했다. 위 기사 제목은 지금도 야구팬들에게는 '타어강'이라는 약어로도 불릴 정도로 명언(이라고 쓰고 조롱거리라고 읽는다)으로 남아 있다.

타어강이야 웃으면 그만이지만, '집회로 수업 방해하면 업무 방해죄 인정될까?'와 같은 기사는 똑같이 선결문제를 요구하지만 심각한 사회 갈등을 낳는다. 어떤 명문대에서 청소 노동자들이 임금 인상 등을 요구하며 집회를 열자 몇몇 학생들이 그 집회가 자신들의 수업을 방해했다며 소송을 냈다. 이 기사를 본 사람들은 아무리 집회가 수업을 방해했기로서니 사회적 약자인 청소 노동자를 상대로 소송을 하면 되겠느냐는 의견과, 집회의 자유는 헌법에서 보장하고 있지만 다른 사람에게 피해를 주면 안 된다는 쪽으로 나뉘어 싸우게 된다.

그러나 이 기사 제목도 복합 질문이다. "집회가 정말로 수업을 방해했는가?"를 먼저 물어라. 거기에 "예."라는 대답이 나와야 그다음 논의가 의미가 있게 된다. 위 기사를 통해서만 사건을 듣는 사람은 수업 방해가 과연 소송거리가 되느냐만 가지고 논쟁하고 수업 방해를 한 것은 기정사실로 인정한다. 이 기사는 아마 그것을 노렸을 것이다. 집회가 정상적인 활동을 방해한다는 프레임을 씌우는 것이다. 당연하게 전제하고 있는 것이 과연 당연한지 의심해야 한다. 그것을 물어라. 중립적이지 않은 그것을 먼저 해결하라고 말이다.

복합 질문을 이용해서 상대방을 반박하는 방법도 가능하다. 선결문제 요구가 오류라고 말하면서 그 오류를 먼저 이용하라는 것이니 좀 치사한 방법이긴 하다. 예컨대 "그 당 지지자들은 어째서 사회적 약자를 그렇게 짓밟으려고 하나요?"라고 묻는 것이다. 여기에는 '그 당 지지자들은 사회적 약자를 짓밟는다.'라는 것이 당연하게 전제되어 있다. 똑똑하지 못한 상대방이라면 그것을 눈치채지 못하거나, 알면서도 어떤 점이 잘못인지 꼭 집어 말하지 못할 것이다. 마치 "당신은 요즘도 부인을 때리나요?"라는 질문에 어리보기같이 구는 사람처럼.

> 나는 인문학을 주제로 특강을 할 때 '왜 인문학을 공부하면 취업이 안 될까?'를 설명한다. 이 질문도 역시 복합 질문이다. 인문학을 공부하면 취업이 안 된다는 것을 당연하게 인정하고, 왜 안 되는지 설명하는 것이다. 근데 인문학을 가르치는 나는 왜 인문학을 공부하면 취업이 안 된다는 것을 당연하게 인정할까? 그것은 이 책의 주제가 아니어서.

11

같은 뜻으로 말하고 있느냐고 물어라

애매어의 오류

'애매어의 오류'라는 게 있다. 이것은 애매어, 그러니까 논증에서 두 가지 이상의 뜻을 가진 낱말이 쓰여 생기는 오류를 가리킨다. 논리학 교과서에는 다음과 같은 예가 실려 있다.

> 모든 썩은 것은 먹을 수 없다.
> 저 사람은 썩었다.
> 따라서 저 사람은 먹을 수 없다.

이 논증을 도식화하면 다음과 같다. (이렇게 도식화나 기호화하는 순간 수학 같아서 넌더리를 내는 사람들이 있다. 그러나 수학적 사고가 곧 논리적

사고이다. 논리적이고 싶으면 기호에 익숙해져야 한다. 그리고 이 책은 기호를
거의 쓰지 않는다.)

> A는 B이다.
> C는 A이다.
> 따라서 C는 B이다.

이 논증이 타당하기 위해서는 A, B, C 자리에 같은 말이 들어와
야 한다. 그러나 처음 논증은 첫 번째 전제의 A와 두 번째 전제의
A가 사실은 다른 말이다. '썩은 것'이라
는 뜻에는 화학적으로 썩었다는 뜻과
정신이 썩었다는 뜻이 있는데, 그것들
은 서로 다른 뜻이기 때문이다. 위 논증
은 그것을 같은 말로 간주해서 결론을
이끌어 내고 있기에 잘못된 논증이다.

> 삼단 논법은 명제도 3개이지만
> 개념도 3개이다. 그런데 위와
> 같은 논증은 A에 해당하는 것
> 이 서로 다르므로 개념이 실제
> 로 4개가 된다. 그래서 위와 같
> 은 애매어의 오류를 '4개념의
> 오류'라고도 부른다.

동음이의어와 다의어

논리학에서 오류라는 것은 단순히 잘못된 논증을 말하는 것이 아
니다. 잘못된 논증임에도 불구하고 비교적 흔하게 저질러지고 상
대방이 속아 넘어가게 만드는 논증을 말한다. 논리학자들은 거기
에 무슨무슨 오류라는 이름을 붙여서 경계하도록 한다. 그런데 '썩
은 것 논증'이 흔하게 있고 거기에 속아 넘어가는 사람이 있을까?

이런 예는 애매어의 오류가 무엇인지 알려 주는 데는 도움이 되겠지만 경계심을 주고 무엇인가 배우게 하는 데는 쓸모가 없다. 그냥 말장난의 소재일 뿐이다.

위와 같은 논증으로 상대방이 속아 넘어가지 않는 이유는 화학적으로 썩은 것과 정신이 썩은 것은 너무 다르기 때문이다. 먹는 '배'와 타는 '배'가 소리가 같아도 전혀 다른 의미이므로 대화에서 헷갈릴 일이 없는 것이나 마찬가지이다. 문제는 어떤 낱말의 뜻이 거의 같은데 약간만 다르고, 그 약간 다른 부분이 진행되는 논쟁에서 중요하게 작용할 때이다. 논쟁에 참여한 사람들은 그 다른 점을 얼른 눈치채지 못하기에 어디서 의견 차이가 나는지 깨닫지 못한다. 그러니 제대로 반박도 못 한다.

동물의 형태가 바뀌는 '변태'와 정상이 아닌 성욕을 가리키는 '변태'는 재미있게도 동음이의어가 아니라 다의어이다. 정상이 아닌 상태로 바뀌었다는 점에서 같은 뜻인가 보다. 그런데 동물의 형태가 바뀌는 '변태'는 이제 교과서에서 '탈바꿈'으로 바뀌어 쓰이기에 그 '변태'가 이 '변태'인지 잘 모를 것이다. 참고로 야한 일본 만화나 애니를 가리키는 '헨타이'가 変態의 일본어 발음이고, 이것의 영어인 hentai는 영어 사전에도 실려 있다.

논쟁에서 애매어 때문에 생기는 혼란은 국어학 용어로 말해 보면 동음이의어보다는 다의어에서 생긴다. '동음이의어'는 소리는 같지만 뜻은 다른 낱말이지만, 다의어는 같은 말 밑[어원]에서 갈라져 나온 말이다. 먹는 '배'와 타는 '배'는 동음이의어이다. 사람의 '다리'와 책상 '다리'는 다의어이다.

자연스러우면 꼭 좋은가?

사실 다의어라고 하더라도 사람의 '다리'와 책상의 '다리'를 구분 못하는 사람은 없을 것이다. 애매어 때문에 생기는 혼란은 그 의미 차이를 알아차리기가 훨씬 더 어려울 때 생긴다. 누구를 보고 '인간'이라고 하는지 모르는 사람은 없을 것 같다. 그러나 사람들은 지성의 역사가 시작될 때부터 인간의 정의를 시도해 왔지만 계속 실패한 것을 보면 인간이 무엇인지 쉽게 말할 수 없어 보인다. 그러다 보니 '인간'은 애매어가 되기도 한다. 보수주의자는 대체로 사형은 찬성하면서 낙태는 반대한다. 사형을 찬성할 때는 '다른 사람의 생명을 하찮게 생각한 사람의 생명은 보호해 줄 필요가 없다'라고 생각한다. 인간을 자신의 행동에 책임질 수 있는 존재로 생각하는 것이다. 그러나 낙태를 반대할 때는 '어찌 아무 죄가 없는 가여운 이 생명을 없앨 수 있단 말인가?'라고 생각한다. 생명만 있으면 인간이라고 생각하는 것이다. 적어도 사형과 낙태 논쟁만 놓고 볼 때 보수주의자에게 '인간'은 애매어가 된다. 이것은 **제8장**에서 말한 비일관적이라는 반박거리도 될 것이다.

논증에서 자주 쓰이는 애매어로 '자연스럽다'가 있다. **제7장**에서 다음 보기를 보았다.

> 약육강식은 자연에서 자연스러운 일이다. 그러므로 육식은 도덕적으로 문제가 없다.

거기서는 '자연스러운' 일이지만 도덕적으로 문제가 없지 않은 반례가 있다는 차원에서 설명했다. 이런 일이 생기는 이유는 '자연스럽다'가 애매어이기 때문이다. '자연스럽다'는 자연에서 일어난다는 사실 판단에도 쓰지만 도덕적으로 문제가 없다는 가치 판단으로도 쓰인다. 그러나 자연에서 일어나는 사실과 도덕적 판단은 별개의 영역이다. 그래서 자연에서 일어나는 일이므로 도덕적으로 문제없다는 주장은 '자연주의의 오류'라고 비판받는다. 자연에서 일어난 일 중에 좋은 것도 있고 나쁜 것도 있다. 비가 적당히 오거나 아예 안 오거나 너무 많이 오거나 모두 자연에서 일어나는 일이다. 하지만 우리는 적당히 오는 것은 좋게 평가하지만, 가뭄이나 홍수는 부정적으로 보고 극복하려고 한다. 그러다 보니 '자연스럽다'는 **제7장**에서 본 것처럼 예외를 허용하고 애매어가 되는 것이다.

다음 논증은 위 논증과 똑같은 구조인데 '자연스럽다'가 아니라 '부자연스럽다'가 근거로 쓰였다는 점에서 재미있다.

> 동성애는 부자연스럽다. 그러므로 동성애는 도덕적으로 문제가 있다.

역시 약육강식 논증처럼 반례도 허용하고 애매어의 오류이기도 하다. '부자연스럽다'는 것은 자연에서 보기 어렵다는 뜻이다. 정말로 자연에서 보기 어려운지 먼저 팩트부터 체크해 볼 일인데, 설사 그렇다고 해도 익숙하지 않아 어색하다는 게 도덕적으로 문제가 되는가? 천재는 자연에서 보기 어렵지만 부도덕한가? 누가 저런 논증을 할 때는 물어보자. 같은 뜻으로 말하고 있느냐고.

헌법 재판소의 논리학 강의

내가 논리학을 가르치면서 즐겨 드는 애매어의 예는 '양심'이다. 양심적 병역거부는 우리나라에서 이제는 헌법 재판소의 결정 이후 인정되었지만, 인정되지 않던 당시에 그리고 지금도 "너만 양심적이어서 군대 안 가냐?"라는 비난이 많이 제기되었다. '양심'이라고 하면 "저 사람 참 양심적이야."라고 말할 때처럼 착하고 정직한 마음이라는 뜻이 먼저 떠오른다. 그러나 양심적 병역거부의 '양심'은 그런 뜻이 아니라 옳고 그름을 판단하는 신념의 뜻이다. 신념은 논쟁의 대상이기는 하지만 착하고 말고의 대상은 아니다. 우리나라 헌법의 제19조는 다음과 같이 말하고 있다.

> 모든 국민은 양심의 자유를 가진다.

이것이 착하고 정직한 마음이 아니라는 것은 금방 알 수 있다. 그리고 2018년에 헌법 재판소는 양심적 병역거부자들이 대체 복무할 수 있는 여건을 마련하지 않은 병역법 제5조 1항에 대해서는 헌법 불합치 판결을 하면서 헌법상 보호되는 양심이 무엇인지 분명히 말한다('병역법 제88조 제1항 등 위헌소원 등'[전원재판부 2011헌바 379, 2018. 6. 28., 헌법불합치]).

헌법상 보호되는 양심은 어떤 일의 옳고 그름을 판단함에 있어서 그렇게 행동하지 아니하고는 자신의 인격적인 존재 가치가 허물어지고 말 것이라는 강력하고 진지한 마음의 소리로서 절박하고 구체적인 양심을 말한다.

헌법 재판소는 애매어라는 말만 안 쓰지 논리학 교과서로 써도 될 만큼 '양심'이 어떻게 해서 애매어인지 자세히 설명하고 있다.

그런데 일상생활에서 '양심적' 병역거부라는 말은 병역거부가 '양심적', 즉 도덕적이고 정당하다는 것을 가리킴으로써, 그 반면으로 병역의무를 이행하는 사람은 '비양심적'이거나 '비도덕적'인 사람으로 치부하게 될 여지가 있다. 하지만 앞에서 살펴본 양심의 의미에 따를 때, '양심적' 병역거부는 실상 당사자의 '양심에 따른' 혹은 '양심을 이유로 한' 병역거부를 가리키는 것일 뿐이지 병역거부가 '도덕적이고 정당하다'는 의미는 아닌 것이다. 따라서 '양심적' 병역거부라는 용어를 사용한다고 하여 병역 의무 이행은 '비양심적'이 된다거나, 병역을 이행하는 거의 대부분의 병역 의무자들과 병역 의무 이행이 국민의 숭고한 의무라고 생각하는 대다수 국민들이 '비양심적'인 사람들이 되는 것은 결코 아니다.

당연한 말이지만 대화를 하든 논쟁을 하든 같은 의미의 용어를 써야 의사소통이 될 것이다. 그러나 '양심'의 예에서 봤지만 발음

나는 2010년에 나온 『변호사 논증법』에서 헌법 재판소와 같은 요지의 말을 했다. 헌법 재판관들이 그 책을 본 것일까, 라고 혼자 생각해 봤다. 아님 말고.

이 같다고 해서 같은 용어가 아니다. 뜻이 거의 비슷하다고 해도 매우 중요한 지점에서 그 용어를 서로 다른 뜻으로 쓰면 의사소통이 제대로 될 리가 없다. 먹는 '배'와 타는 '배'의 뜻 차이만큼이나 뜻 차이가 크다. 그러니 누군가가 여전히 "너만 양심적이어서 군대 안 가냐?"라고 말하면 이 글에서 말한 대로 말해 주자. (이 글보다 헌법 재판소가 더 권위가 있을 테니 헌법 재판소를 끌어들이는 게 더 나을 것 같다.) "당신은 나랑 같은 뜻으로 말하지 않아요."

물론 어떤 낱말이 한 가지 뜻만 가지지 않는 것은 흔하다. '양심'이라는 말도 이렇게 쓸 수도 있고 저렇게 쓸 수도 있다. 문제는 지금 논쟁하고 있는 맥락에서 어느 쪽이 더 정확한 뜻이냐는 것이다. 병역 의무와 관련해서는 이 '양심'이 맞는 말이다. 그런데도 자신만이 알고 있는 저 '양심'으로 상대방을 단죄하는 것은 옳지 못하다.

맞아, 능력 있는 사람을 뽑아야지

'능력주의'라는 말이 뜨거운 이슈이다. 능력주의는 사람이 어떤 집안 출신인가, 성별이 무엇인가 따위를 보지 않고 능력이 얼마나 있는가를 보고 대우하자는 주장이다. 그런데 왜 이게 문젯거리가 되는가? 회사든 학교든 능력이 있는 직원을 뽑아야 하고 공부 잘하는 학생을 뽑는 것은 당연한 것 아닌가?

능력주의를 둘러싼 비판으로는, 능력주의가 우리 사회의 불평등을 심화한다는 비판이 있다. 능력이 많은 사람은 이른바 금수저로 태어났을 가능성이 큰데 능력주의는 그런 사람에게 제한된 사회적 자산을 몰아주게 되고, 이는 흙수저로 태어난 사람은 도저히 따라잡을 수 없는 격차를 만든다는 것이다.

그러나 이런 식의 비판은, 나는 타당성이 있다고 생각하지만, 능력주의의 주장에 '꽂힌' 상대방을 반박하기는 어렵다. 능력주의를 옹호하는 사람들은 능력주의가 설령 사회 불평등을 심화한다고 해도 그것이 왜 능력을 입사나 입학의 선발 기준에서 제외해야 할 이유가 되는지 이해하지 못한다. 어쨌든 우리 사회는 능력 있는 사람에 의해 발전하는데, 왜 게으른 사람을 배려한다는 명목으로 능력 있는 사람이 피해를 보아야 하느냐는 것이다.

이런 논쟁에는 능력주의를 주장하는 바로 그 사람들이 말하는 능력으로 접근해야 한다. "나도 당신처럼 지원자의 능력을 보고 선발해야 한다고 생각한다. 그러나 당신이 생각하는 '능력'만이 진짜 '능력'인 것은 아니다."라고 말이다. 그래야 효과적인 반박이 된다. 상대방이 주장하는 바로 그 개념을 인정하고 반박하기 때문이다.

프로 선수의 능력

능력주의자들이 말하는 능력은 이른바 스펙이다. 스펙은 수능 점수나 학점 또는 각종 공인 시험 점수 따위를 말한다. 능력주의자들은 수능이나 입사 시험이나 공인 시험에서 좋은 점수를 받았으니 좋은 학교나 직장에 취업할 자격이 있다고 주장한다. 그러나 진지하게 물어보자. 스펙 좋은 사람이 직장에서 일을 잘하는가? 그리고 대학에서 공부를 잘하는가?

프로 야구를 생각해 보자. 야구에서 스펙에 해당하는 말은 '스탯'(통계를 뜻하는 statistics의 줄임말)이다. 프로 구단에서는 신인 선수를 지명할 때 현재의 스탯만 보지 않는다. 당장의 스탯보다는 잠재성도 보고 지명한다. 프로에 지명되기 전에 혹사당해서 그때까지의 능력이 전부인 선수도 있기 때문이다. 거꾸로 성장 가능성이 있기에 잘 키우면 얼마든지 성장할 수 있는 선수들도 있기 때문이다.

실제로 과거의 드래프트 결과를 한번 찾아보라. 상위 라운드에 지명됐는데 이런 선수가 있었던가 하고 잊힌 선수도 많고, 하위 라운드에 지명됐는데 이름을 떨치는 선수도 많다. 심지어 드래프트에 들지 못한 선수(예전에는 '신고 선수'라고 하다가 지금은 '육성 선수'라고 한다.) 중 유명해진 예도 있다. 그렇다면 현재의 스탯이 높은 선수를 뽑지 않았다고 해서 능력을 고려하지 않았다고 항의할 수 있는 가? 구단이 볼 때는 당장의 스탯에 덧붙여 잠재적인 성장 가능성까지 고려한 것이 능력인 것이다. 그런 선수를 뽑은 것은 더 '능력'이 높은 선수를 뽑은 것뿐이다.

회사나 대학의 신입 사원 또는 신입생 선발도 프로 야구의 신인 지명과 크게 다르지 않다. 스펙이 능력이 아니라는 말이 아니다. 그것만이 능력이 아니라는 것이다. '유능한' 사원이나 학생을 뽑기 위해서 회사나 대학은 지금까지의 스펙만이 아니라 숨겨진 잠재성까지 볼 것이다. 지금 스펙이 뛰어난 지원자는 지금까지 공부하느라 '번 아웃'되었을 수도 있다. 그렇지 않은 '싱싱한' 지원자는 회사나 학교에서 키우면 훌륭한 인재가 된다고 판단할 수도 있다. 그 외 각 회사나 학교는 (프로 스포츠에서 프랜차이즈 선수를 대우하는 것처럼) 기관이 자리잡은 지역 사회에 기여할 수 있거나 인성이 있는지도 능력으로 볼 것이다. "우리도 능력 있는 신입 사원이나 신입생을 뽑고 싶고 뽑고 있다. 다만 이것이 우리가 생각하는 능력이다."라고 말하는 것이다.

능력주의자들의 논증을 정리하자면 이렇다.

회사나 대학은 능력 있는 사람을 뽑아야 한다.
저 사람은 능력이 없다.

하얗게 불태웠다.
출근할 힘조차
남아 있지 않아.

번 아웃은 한자어로 '소진燒盡'이다. 다 타서 없어진다는 뜻이다. 운동선수든 공부하는 사람이든 혹사하면 소진된다.

▎따라서 저 사람을 뽑아서는 안 된다.

두 번째 전제는 참이기도 하고 거짓이기도 하다. 거기 나오는 '능력'을 능력주의자들이 생각하는 능력으로 보면 참일 수 있다. 그러나 그 능력만이 진정한 능력이 아니다. 다른 능력도 있고, 현재 논의되는 맥락에서는 그것이 더 적합한 능력이다. 그러면 두 번째 전제는 거짓이고 결론은 따라 나오지 않는다.

양심적 병역거부 논쟁에서도 그렇지만 능력주의를 둘러싼 논쟁이 생기는 것은 자신만의 목소리를 내면서 상대방이 왜 그런 주장을 하는지 그쪽 입장에서 헤아려 보려고 하지 않기 때문이다. 양심이 여러 의미가 있는 것처럼 능력도 여러 가지 뜻이 있다. 그리고 자신이 알고 있는 뜻이 더 옳다는 보장은 없다. 학교 폭력의 피해자에게 상담자가 "아무리 그래도 친구인데 친하게 지내는 게 좋지 않겠어."라고 말한다. 아니, 때리는 애가 무슨 친구인가? '친구'의 뜻을 자기한테 유리하게 쓰는데, 대화 상황에서 상대방은 그것을 얼른 알아차리지 못한다. 이렇게 은밀하게 자기 마음대로 정의하는 잘못을 '은밀한 재정의의 오류'라고 부른다. 애매어의 오류 중 하나이다. 다른 예를 하나 더 들어 보면, 아이가 어릴 때 집을 나간 엄마가 아이가 죽자 보상금을 받으러 오는 뉴스가 가끔 들린다. 어떻게 그럴 수 있느냐고 비난하면 "그래도 엄마인데."라고 말한다. 아니, 어릴 때 버린 사람이 무슨 엄마인가? 역시 '엄마'의 뜻을 은밀하게 재정의하고 있다. 고정간첩을 소재로 한 〈은밀하게 위대하게〉(2013)는 영화 제목이지만, 이 오류는 '은밀하게 찌질하게'이다. 애매어의 오류도 그렇고 은밀한 재정의의 오류도 그렇고 자신이 알고 있는 뜻만이 진리인 것처럼 우김질하기에 생긴 것이다. 그것도 은밀하게 친구나 엄마의 정의를 내세우니 혹하는 사람들이 있다. 그럴 때는 이렇게 물어라. 같은 뜻으로 말하고 있느냐고.

말 바꿔 쓰기

말은 이렇게 했지만 논쟁을 하면서 상대방이 쓰는 용어가 내가 쓰는 용어와 다르다는 것을 조목조목 지적하기는 쉽지 않다. 그럴 때는 아예 쓰는 말을 바꾸어 보는 것도 가능한 방법이다. 내가 쓰는 말을 바꾸든 상대방이 쓰는 말을 바꾸든 다 가능하다.

위에서 든 예로 말해 보면 양심적 병역거부가 계속 비아냥거림을 받으면 그것을 '신념에 의한 병역거부'로 바꾸는 것이다. '양심'이라는 말이 없어졌으니 그것 가지고 소득 없는 논란을 벌일 일이 없다. 능력주의자들이 계속해서 능력이 없는 사람을 왜 뽑느냐고 주장하면, 그 능력주의는 '시험 능력주의'일 뿐이라고 바꿔 부르는 것도 가능하다. 새로운 용어를 씀으로써 반박 의도를 알리는 것이다.

—

제5부

팩트
체크로
반박하기

12

팩트가 맞는지
물어라

사실과 팩트

논증에서 찾을 수 있는 가장 흔하면서 간단한 잘못은 아무 근거도 제시하지 않고 주장만 하는 것이다. "저런 놈은 엄벌에 처해야 해."나 "저 당은 민생에는 관심이 없어."와 같은 식이다. 여러 번 말하지만 논증은 근거가 주장을 지지하는 형식으로 되어 있다. 그런데 왜 근거를 대지 않는가? 본인은 당연하다고 생각해서 그럴 것이다. 그러나 우리 사회는 검증 안 된 주장으로 넘친다.

　그럴 때는 "왜 그렇게 생각하세요?"라고 물어보면 된다. **제6장**에서 말한 것처럼 증명 책임을 떠넘기는 효과도 있다. 아마 이렇게 대답할 것이다. "엄벌에 처해야 다시는 그런 짓을 안 하지." "저 당이 민생에 관심이 없다는 것은 누구나 아는 것 아냐?" 정말 그런가? 그때는 또 다음과 같이 물어서 증명 책임을 떠넘기면 된다. "정말 그래요?"

성공적인 논증을 위해서는 주장을 지지하는 근거를 제시해야 할 뿐만 아니라 근거는 일단은 맞는 말이어야 한다. 간단한 예를 보자.

┃ 흡연은 폐암을 유발하므로 건강에 안 좋다.

이 논증이 설득력이 있기 위해서는 '흡연은 폐암을 유발한다.'라 는 근거가 맞는 말이어야 하지 않겠는가? 흡연이 정말로 폐암을 유발하지는 않더라도 다른 근거를 들어, 가령 폐암 말고 다른 질병 을 유발한다는 근거를 들어 '흡연이 건강에 좋지 않다.'라고 주장 할 수도 있을 것이다. 하지만 이렇게 되면 흡연이 폐암을 유발한다 는 바로 그 근거는 사실임이 밝혀지지 않았으므로 흡연이 건강에 좋지 않다는 주장의 근거로서 역할을 하지 못한다.

논증의 목적은 상대방에게 주장을 설득하는 것이라고 역시 여러 번 말했다. 주장을 받아들이게 하는 가장 손쉬운 방법은 그것을 지 지하는 사실을 보여 주는 것이다. **제1장**에서 말한 팩트 체크를 스 스로 하는 것이다.

내가 아는 게 팩트인가?

사람들은 대체로 상식으로 알려진 것을 팩트로 받아들이고 그것을 근거로 제시한다. 이 말은 그것이 정말로 팩트인지 검토(체크)해

본 적이 없다는 뜻이다. 정확히 말하면 전문가가 아닌 이상 그것을 검토할 능력도 없다. 그러니 가장 쉬운 반박 방법은 상대방이 제시한 근거가 정말로 팩트인지 묻는 것이다. 위 예로 말해 보면 "흡연이 정말로 폐암을 비롯한 각종 암을 유발하나요? 그거 사실이에요?"라고 묻는 것이다.

하지만 **제6장**에서 말했듯이 이런 반박은 올바른 방법은 아니다. 흡연이 폐암을 비롯한 각종 암을 유발한다는 것은 이제 우리 사회에서 상식에 속하니 증명 책임은 그 상식을 반대하는 쪽에 있기 때문이다. "흡연이 정말로 폐암을 비롯한 각종 암을 유발하나요? 그거 사실이에요?"라고 묻는 것은 증명 책임을 부당하게 떠넘기는 것이다. 그래도 이런 반박 방법을 말하는 것은 어리숙한 사람은 자신이 증명 책임을 져야 하는지 알고 당황할 수 있기 때문이다. 더 중요한 것은 상식이라고 생각했는데 막상 팩트임을 입증하려면 팩트가 아닌 경우가 많기 때문이다.

팩트를 체크하는 여러 가지 방법

흉악 범죄 따위가 일어날 때마다 엄벌주의를 내세우는 사람들이 많다. 대체로는 들머리에서 든 보기처럼 근거 없이 주장만 하기는 한다. 아마 이런 근거를 생각할 것이다. 사형을 시키지 않으니까 저런 흉악 범죄가 계속 반복된다든가, 음주 운전을 솜방망이 처벌하니 음주 운전이 없어지지 않는다든가, 미성년자라고 해서 처벌을 하지 않으니 미성년 범죄가 계속 늘어난다고 말이다.

논증으로 정리하면 다음과 같을 것이다.

> 범죄를 엄하게 처벌하면 범죄가 줄어든다.
> 따라서 범죄를 엄하게 처벌해야 한다.

얼마든지 이런 주장을 할 수 있다. 그러나 '범죄를 엄하게 처벌하면 범죄가 줄어든다.'라는 근거가 정말로 팩트일까?

어떤 근거든 팩트로 제시하는 방법은 대체로 몇 가지가 쓰인다. 첫 번째는 느낌이다. 그냥 자신의 느낌이 그렇다는 것이다. 이것은 대꾸할 가치도 없다. "그것은 네 느낌일 뿐이지."라고 말해 주면 그만이다.

두 번째로 내가 경험해 보니까 그것이 맞는다고 말하는 것이다. 내 느낌이 그렇다는 것보다는 약간 '세련되어' 보이지만 거기서 거기다. 내 주변에서 범죄를 계획하다가 엄벌이 무서워서 그만둔 사례를 몇 건 알고 있다고 말해 봐야 소용없다. 그것은 개인의 경험에 불과하므로 공신력 있는 팩트가 아니다. "내가 해 봐서 아는데."와 같은 발언이 문제인 것은 단순히 꼰대스럽기 때문이 아니라 자신의 경험이 모두에게 해당할 것이라고 일반화하기 때문이다. 논리학에서는 이런 잘못을 '성급한 일반화의 오류'라고 부른다. "그것은 성급한 일반화야."라고 말해 주면 된다.

세 번째, 자신이 믿는 종교의 경전이나 설교를 근거로 제시하기도 한다. 개인의 경험이 아니라 그 종교를 믿는 사람들이 공통으로 믿는 것이므로 약간 '더 세련된' 것 같다. 그러나 여전히 그 종교를 믿는 사람들의 이야기일 뿐이다. 그 종교 안에서만 팩트일 뿐이다.

> 갑: 낙태는 허용해서는 안 됩니다.
> 을: 왜 그렇게 생각하는데요?
> 갑: 태아도 인간인데 인간을 죽이는 것은 살인이잖아요.
> 을: 왜 태아가 인간이라고 생각해요?
> 갑: 수정되는 순간 신께서 인간의 영혼을 불어넣어 주셨으니까요.

우리 사회에서 낙태를 반대하는 근거로는 저렇게 대놓고 신을 거론하지는 않아도 속내는 그럴 때가 많다. "그 신을 믿는 사람들이나 그렇게 생각하죠."라고 말해 주면 그만이다.

"저는 잘 모르겠는데요. 어떻게 알았어요?"
네 번째로 그것은 상식 아니냐고 대답하는 것이다. 상대방 입장에서는 우리 사회에서 모두가 다 받아들이는 상식인데 왜 그것이 팩트인지 제시해야 하느냐고 의아해할 수 있다. 상식이라고 말하는 것은 **제6장**에서 말한 대중에게의 호소이다. 상식 또는 대중에게 호소하면 증명 책임을 상대방에게 떠넘길 수 있다. 그러니 누군가 저렇게 주장하면 일단 한번 버텨 봐라.

> 범죄를 엄하게 처벌하면 정말로 범죄가 줄어드나요? 저는 잘 모

▌ 르겠는데요.

그러면 "당연한 것 아닌가요?"나 "그것도 몰라요."라고 대답할지 모른다. 혹은 조금 유식하면 "이건 상식이니 증명 책임은 그쪽에 있어요."라고 말할 것이다. 증명의 책임이 넘어왔으니 상식이라고 믿은 것이 상식이 아닌 이유를 대어야 한다. 500년 전에는 지구가 평평하다는 것도 상식이었지만 상식은 언제나 깨질 수 있으니까. 그러나 '범죄를 엄하게 처벌하면 범죄가 줄어든다.'라는 주장은 지구가 둥글다는 주장과 달리 무슨 교과서에 실린 확립된 이론은 아니다. 그러므로 출처를 물어라.

▌ 누구한테 들었어요? 어떻게 알았는지 알려주세요.

엄벌과 범죄의 감소는 검증이 끝난 팩트가 아니므로 그것을 증명할 책임은 그쪽에 있음을 알려야 한다. 흡연이 암을 유발한다는 근거처럼 '범죄를 엄하게 처벌하면 범죄가 줄어든다.'라는 근거도 당연한 상식으로 알고 있는 사람이 많지만 실은 그렇지 않다. 엄벌주의를 시행하는데도 범죄가 줄어들지 않는다는 증거는 넘치기 때문이다. 미국은 엄벌주의를 채택하는 대표적인 국가이지만 전 세계 인구 중 감옥에 있는 사람의 4분의 1이 미국에 있다고 한다. 물론 이에 대해 다시 미국이 범죄자가 많으니까 엄벌주의를 채택한 것이지, 엄벌주의를 하는데도 범죄가 줄어들지 않은 것은 아니라고 반박할 수 있다. 요는 엄벌과 범죄의 감소는 논쟁거리이지 검증이 끝난 팩트가 아니라는 것이다.

검증을 기다리는 상식

근거가 팩트가 되기 위해서는 검증이 되어야 한다. 통계치든 교과서든 전문가의 의견이든, 검증이 된 사실을 제시해야 한다. 난민은 범죄를 자주 저지르므로 난민을 받아들여서는 안 된다고 주장한다. 외국인은 국내인의 일자리를 뺏으므로 외국인을 받아들여서는 안 된다고 주장한다. 세금을 줄이면 투자가 늘어서 모두에게 혜택이 돌아간다고 말한다. 이것도 역시 팩트가 맞는지 물어라. 우리가 당연하게 안다는 것 중 상당수는 검증된 이야기가 아니라 그냥 느낌이고 자기 생각이다. '검증을 기다리는' 상식이다.

난민이 내국인과 비교해 범죄를 많이 저지른다거나 감세에 따른 낙수 효과는 한 개인이 입증할 수는 없다. 난민이 범죄를 저지른 사례를 몇 건 알고 있다거나, 법인세를 줄였더니 투자를 늘린 회사를 알고 있다고 말해 봐야 소용없다. 그것은 위에서 말한 성급한 일반화이므로 공신력 있는 팩트가 아니다. 반대되는 사례도 얼마든지 댈 수 있다. 범죄를 저지르지 않은 난민이나 범죄를 저지르는 내국인을 알고 있다거나, 줄어든 법인세로 부동산에 투자한 회사를 알고 있다고 말이다. 논란이 되는 정책을 시행한다고 발표한 정부 관료에게 기자가 묻는다. "이 정책을 지지하는 데이터가 있나요?" 관료가 이렇게 대답한다. "아니, 못 봤습니다. 그치만 상식 아

자기만의 생각 또는 느낌을 가리키는 말로 '뇌피셜'이라는 말이 유행이다. '오피셜'은 공인된, 곧 검증되었다는 뜻인데, '뇌피셜'은 자기 뇌에서만 검증된 생각을 가리킨다.

닌가요?" 정부 정책을 그런 상식에 기댈 수는 없다.

제시한 근거가 팩트임을 입증하기 위해서는 출처source를 밝혀야 한다. 우리 사회에서 논쟁이 되는 많은 주제 중 상당수가 출처를 물어보면 출처를 분명히 제시하지 못하거나 근거 자료가 충분하지 못하다. 꼭 '가짜 뉴스'라는 것은 아니다. '가짜 뉴스'라고 부를 정도라면 검증되지 않은 팩트라는 것을 누구나 쉽게 알 수 있다. 문제는 위 난민이나 외국인 예처럼 상당히 많은 사람들이 팩트인 것처럼 받아들이는데 출처를 막상 물어보면 대답을 못하는 경우가 꽤 있다는 것이다. 그러므로 일단 증명의 책임을 넘겨라. 정말 팩트가 맞느냐고. 실증 연구가 있느냐고.

공적인 논쟁만이 아니라 개인이나 단체 내에서 생기는 논쟁도 마찬가지이다. 어떤 기업에서 조직 하나를 없애려고 한다. 효율이 없어서 그렇다고 한다. 그런데 근거는? 근거로 자기 생각밖에 없다. 그럴 때는 객관적인 통계 자료나 전문가의 의견 등을 요구하라.

팩트 체크가 만사는 아니다

꽤 많은 언론사나 관련 기관이 팩트 체크를 하고 있다. 가짜 뉴스를 바로잡아야 하는 언론사로서는 당연한 일이다. 그러나 팩트 체크는 적어도 논증에서는 그렇게까지 중요한 작업은 아니다. 갑자기 무슨 소리?

세 가지 이유가 있다. 첫째는 이미 **제4장**에서 말한 것이다. 무슨 말을 해도 끄떡없는 사람들은 팩트를 지적해 봐야 자신이 지지하는 다른 근거를 든다고 말이다. 독립운동가의 항일 투쟁을 아무리 언급해도 그의 공산주의 전력을 언급한다. 독재자의 반민주주의적 통치를 아무리 언급해도 그의 경제 발전을 언급한다. 모두 팩트이다. 그러므로 팩트로 상대를 설득하기는 쉽지 않다. 경중을 따지자고 하지만, 자신이 지지하는 팩트에 가중치를 더 두는데 무슨 수로 설득하겠는가? 그러니 팩트 제시보다는 상대방의 주장에서 모순을 지적하거나, 좀 어렵지만 반증 가능성을 언급하는 방법이 더 낫다고 말했다.

둘째는 논쟁이 되는 주제 중 상당수는 팩트 체크의 대상이 아니기 때문이다. 사실 명제와 가치 명제를 나눈다고 (이것은 초등학생도 배우므로 여기서 설명은 생략한다.) 할 때 팩트 체크의 대상은 사실 명제이다. 그러나 주장을 하면서 근거로 가져다 쓰는 것은 사실 명제만 있는 것이 아니다. 예컨대 사형제를 반대하는 사람은 이렇게 주장한다.

사람의 생명은 누구의 것이든 소중하다. 다른 사람의 생명을 뺏은 사형수의 생명 역시 소중하므로 사형은 옳지 않다.

여기서 핵심 근거는 '사람의 생명은 누구의 것이든 소중하다.'이다. 이것은 가치 판단이므로 팩트 체크의 대상은 아니다. 여론 조사로 결정할까?

셋째는 논증에서 근거가 꼭 팩트임이 밝혀지지 않아도 타당한 논증일 수 있기 때문이다. 근거가 거짓인 경우에도 논리학의 전문 용어로 '타당한' 논증이 되기도 한다. 그러나 지금은 설득을 위한 일상적인 논증을 말하므로 전문적인 내용까지 나가지는 않겠다. 그보다는 근거가 사실인지 몰라도 좋은 논증이 되거나, 거꾸로 사실이어도 나쁜 논증이 되는 일은 흔하다. 다음 보기를 보라.

> 우리 땅에 넘어오는 사람이 있을 수 있다. 그러니까 여기에 울타리를 쳐야 한다.

'우리 땅에 넘어오는 사람이 있을 수 있다.'라는 근거가 팩트인가? 그럴 수 있다는 개연성이 있을 뿐이지 일어난 일이 아니므로 팩트는 아니다. 그래도 그 개연성이 크다면 위 논증은 훌륭한 논증이다. 거꾸로 근거가 팩트임에도 타당하지 않은 논증도 많다. 우리는 이미 **제7장**에서 그런 논증으로 '히틀러도 그랬어' 논증을 봤다. 다시 쓰면 이렇다.

팩트fact는 라틴어 'factum'이 말 밑이다. 이것은 '이루어진 행위'를 뜻하는데, 팩트는 이미 일어난 일이어야 한다. factory, manufacture, artifact 따위가 factum에서 파생된 낱말들이다.

> 히틀러는 채식주의자였다.
> 히틀러는 사악한 사람이다.
> 따라서 채식주의자는 사악하다.

히틀러는 사악한 사람이라는 두 번째 전제는 분명히 팩트이다. 히틀러가 채식주의자라는 첫 번째 전제가 정말로 팩트인지 조사해야 할까? 실제로 이것 가지고 다투는 사람들이 있기는 하다. 그러나 거기에 힘을 쏟을 필요가 없다. 위 논증은 그것과 상관없이 타당한 논증이 아니기 때문이다. 이 예가 아니어도 팩트로부터 주장이 도출되지 않는 예는 흔하다. **제6부**에서 말하는 딴소리가 그런 예들이다. 맞는 말이긴 하지만 딴소리를 하고 있어서 실패한 논증이다.

13

'모두'와 '어떤'을 헷갈리고 있다고 말하라

팩트에 근거한 합리적 차별

다른 나라도 마찬가지이지만 우리나라도 특정 집단을 향한 혐오는 심각한 문제이다. 여성 혐오, 외국인 혐오, 노인 혐오, 지역 혐오, ……. 혐오는 처음에는 특정 집단을 단순히 싫어한다는 발언에서 시작한다. 그러다가 점점 심해져 차별적 행동이나 폭행으로 이어질 수 있다. 극단에는 나치의 유대인 학살 같은 집단 학살로 이어진다. 그러기에 혐오는 굉장히 우려스럽다.

그러나 혐오를 일삼는 사람들은 특정 집단을 싫어하는 확실한 근거가 있으므로, 다시 말해서 팩트이므로 혐오라고 불러서는 안 된다고 말한다. **제3장**에서도 중요하게 언급했지만, 자신의 '혐오'는 팩트에 의한 것이므로 합리적인 차별이라는 것이다. 정말 팩트인지 살펴보기 위해 여러 혐오 중 노인 혐오를 예로 들어 보자. 노인 혐오의 가장 큰 근거는 이것이다.

> 노인은 꼰대 짓을 한다.

꼰대는 늙은이를 가리키는 은어이다. 그러므로 노인이 꼰대 짓을 한다고 말하는 것은 노인이 노인의 행동을 한다는 말이니 동어 반복이고 하나 마나 한 이야기이다. 꼰대 짓이 무엇인지 구체적으로 말해야 한다. 우리 사회에서 꼰대 짓은 남을 가르치려 들고 배려 없는 행동을 한다는 뜻으로 쓰인다. 노인들은 젊은 사람들만 보면 "우리가 너희만 했을 때는 말이야."로 시작하는 말을 반복한다. 지하철 따위의 공공장소에서 다른 사람은 아랑곳없이 큰 소리로 떠들어댄다. 이런 근거로 노인을 혐오한단다.

의도적인 '모두' 빼기

노인 혐오를 예로 들었지만, 다른 혐오도 대체로 이와 마찬가지이다. 'X는 Y의 경향이 있다.'를 근거로 제시한다. 그리고 이것은 팩트라고 주장한다. 그러니 X라는 대상을 향해 혐오를 보내는 것은 '팩트 폭행'이지 혐오가 아니라는 것이다.

'X는 Y의 경향이 있다.'라는 주장을 잘 들여다보자. 여기에는 '모두'라는 말이 생략되어 있다. '**모든** X는 Y의 경향이 있다.'라고 해야 정확하다. 그런데 왜 '모든'을 빼고 말할까? 나날의 대화에서 무엇인가를 생략하는 경우는 흔한데, 그 이유는 두 가지이다. 첫째는 그것을 빼고 말해도 이해가 되기 때문이다. "최 씨는 고집이 세. 저 친구도 고집이 셀 거야." 여기서 최 씨가 '모든' 최 씨를 가리킨다는 것은 대화에 참여한 사람들은 다 알므로 생략했다. 둘째는 노출하면 비판받을 게 불을 보듯 뻔하니까 일부러 숨기는 경우이다. 다음 대화를 보자.

> 갑: 역시 노인들은 꼰대 짓을 해. 그러니 틀딱충이라는 소리를 듣지.
> 을: 엘리베이터에서 가끔 뵈는 우리 동네 노인은 꼰대 짓 하지 않으시던데. 얼마나 젠틀한지 몰라. 인사도 먼저 하시고 배려도 잘하셔.
> 갑: (당황하며) 아니, 내 말은 노인들이 대체로 그렇다는 거지.

말하는 사람도 예외가 있다는 것을 알고 있다. 따라서 처음부터 "노인은 대체로 꼰대 짓을 한다."라고 말해야 솔직하다. 하지만 이렇게 말하면 예외가 있다는 것을 인정하게 되니 자신의 주장이 강해 보이지 않는다. 그렇다고 해서 "노인은 모두 꼰대 짓을 한다."라고 대놓고 말할 수는 없는 노릇이니 "노인은 꼰대 짓을 한다."라고 '모두'를 숨기는 것이다.

'X는 Y의 경향이 있다.'라는 말은 꼭 혐오의 의도가 아니더라도 흔하다.

늙은이는 그저   하찮은 존재

꼰대를 위한 나라는 없다

라떼는 말야.
꼰대라는 말도
없었어.

노인을 싫어하는 것은 동서양이 마찬가지인 듯하다. 2007년에 나온 코엔 형제 감독의 스릴러 영화 〈노인을 위한 나라는 없다〉의 제목은 예이츠가 쓴 시 「비잔티움으로의 항해Sailing to Byzan-tium」의 첫 구절 "That is no country for old men"에서 따온 것이다. 시인은 "늙은이란 그저 하찮은 것일 뿐"이라고, 세상이 늙은이의 지혜를 배우려 하지 않는다고 한탄한다.

▐ "역시 흑인들은 운동을 잘해."

▐ "명문대 출신은 뭐가 달라도 다르다니까."

▐ "여자라서 그런지 참 섬세하네요."

그럴 때는 거기에 '모두'를 넣으면 틀린 주장이 된다고 반박하라.

▐ "정말로 그런가요? 운동 못 하는 흑인도 있는데요."

▐ "저 친구는 명문대 출신인데 왜 그런데요?"

▐ "전 여자지만 섬세하지 않은데요."

그러면 상대방은 이렇게 말할 것이다. "(당황하며) 아니, 내 말은 대체로 그렇다는 말이지."

> 흑인은 농구를 잘한다는 것은 오래된 편견이다. 1988년의 미국 코미디 영화 〈소울 맨〉은 집에서 학비 지원을 못 받게 된 주인공 마크가 화학 약품으로 흑인으로 위장하여 흑인에게 주는 장학금을 받는다는 이야기이다. 학교 동료들이 농구를 하다가 마크는 흑인이니까 농구를 잘한다고 농구 시합에 억지로 참여시키는 장면이 나온다. 그러나 실상은······.

정말로 대체로 그런가?

지금까지 말한 것에 따라 '노인은 꼰대 짓을 한다.'를 논증으로 정리하면 다음과 같다.

> 노인들은 **모두** 꼰대 짓을 한다.
> 최 씨는 노인이다.
> 따라서 최 씨는 꼰대 짓을 할 것이다.

그러나 첫 번째 전제는 명백히 거짓이다. 따라서 위 논증은 이렇게 바꿔야 한다.

> 노인들은 **대체로** 꼰대 짓을 한다.
> 최 씨는 노인이다.
> 따라서 최 씨는 꼰대 짓을 할 것이다.

꼰대 짓을 하지 않는 노인들이 있다는 것을 인정한다. 그러나 꼰대 짓은 노인들의 전형적인 특징이라는 것이다. 첫 번째 전제가 팩트라고 해도 이 논증은 귀납이므로 결론이 필연적으로 따라 나오지는 않는다. 예외가 있으니까. ('대체로'에 의해 반례를 피해 가는 내용은 **제7장**에서 이미 소개했다.) 그렇지만 결론이 따라 나올 가능성이 상당히 높으므로 이 정도면 훌륭한 논증이라고 봐야 한다. (이런 논증을 **제7장**에서 통계적 주장이라고 했는데, 더 구체적으로 말하면 '통계적 귀납'이다.) 하지만 우리는 물어야 한다. 첫 번째 전제가 정말로 팩트인가? 노인들은 일부 예외가 있기는 해도 정말로 대체로 꼰대 짓을 하는가? 꼰대 짓은 노인의 전형적 특징인가?

"내가 직관하면 꼭 진다"

'A는 B의 경향이 있다.'는 과학에서 흔하게 다루는 가설이다. '물은 높은 곳에서 낮은 곳으로 흐른다.'는 물리학의 주제이고, '흡연을 하면 폐암에 걸린다.'는 의학의 주제이다. 대체로 물리학은 '모두'를 붙여도 성립하고, 의학이나 생물학은 '대체로'를 붙여야 성립한다. 어쨌든 과학에서는 그 경향성을 관찰과 실험으로 입증한다.

이런 경향성을 찾는 것은 자연 과학뿐만 아니라 사회 과학의 주제이기도 하다. '불경기에는 치마가 짧아진다.'라거나 '사형은 범죄 억제력이 있다.'라는 것은 사회 과학자들이 세우는 가설이다. 아마 사회 과학자들도 그 가설에 '모두'를 붙이려고 하지 않을 것이다. 자연 현상과 달리 사회 현상에는 예외가 있다는 것을 잘 안다. 그렇기에 '대체로' 성립해도 그 가설은 검증되었다고 생각할 것이다. '노인들은 꼰대 짓을 한다.'도 가설은 가설이므로 '대체로'라도 성립해야 한다.

그러나 '모두'는 물론이고 '대체로'를 붙이는 과정도 험난하다. 먼저 **앞 장**에서 말한 성급한 일반화의 오류를 저질러서는 안 된다. 내가 아는 김 씨 할아버지나 이 씨 할머니가 꼰대 짓 한다는 것으로는 '노인들은 꼰대 짓을 한다.'라는 가설은 검증되지 않는다. 스포츠 경기를 현장에 직접 가서 보는 것을 '직관'이라고 부른다. "우리 팀은 내가 직관 가는 날은 꼭 진다."라고 말하는 야구팬이 있다. 알고 보면 일 년에 직관하는 날은 몇 번 안 된다. 충분히 많이 가면 직관 승률은 응원 팀의 승률에 수렴한다. 경품 추첨에 떨어진 다음에 "나는 경품 추첨에 된 적이 거의 없어."라고 말한다. 가끔 하니 당연히 안 된다. 경품 추첨도 '꾸준히' 응모하면 평균 당첨 확률에 수렴한다. 얼마만 한 데이터가 모여야 '충분한지'는 통계학적 지식이기는 하지만, 적어도 내 주변의 경험이나 몇 번의 경험만으로는 한참 부족하다. 그럴 때는 이렇게 말하라. "성급한 일반화를 하고 있네요."라고.

> 수학이나 컴퓨터 과학, 사회 과학에서 '외삽extrapolation'이라는 용어가 쓰인다. 지금까지의 데이터를 가지고 새로운 데이터를 추론한다는 뜻이다. 가령 이 동네는 매년 2월 무렵에 폭설이 내리니 올해도 내리리라 예측하는 것이 외삽이다. 이게 일반화 논증이다. 외삽 또는 일반화는 훌륭한 논증이지만, 데이터가 충분하지 않을 때 성급한 일반화의 오류를 저지르는 것이다.

대조 실험을 통과해야

이제 자신의 일반화는 성급하지 않다고 주장하는 경우를 보자. 자기는 충분히 많은 데이터를 모았다는 것이다. 정말로 그렇다고 말하기 위해서는 다음과 같은 대조 실험을 통과해야 한다.

| ① 꼰대 짓 하는 노인 | ② 꼰대 짓 하지 않는 노인 |
| ③ 꼰대 짓 하는 젊은이 | ④ 꼰대 짓 하지 않는 젊은이 |

이 실험에서 ①과 ④가 유의미하게 많아야 '노인들은 꼰대 짓을 한다.'라는 가설은 대체로라도 맞는 말이 된다. ①뿐만 아니라 ④도 많아야 하는 것은 ①만 많으면 노인이든 젊은이든 누구나 꼰대 짓 한다고 말할 수 있기 때문이다. 그런데 정말 그런가? ②와 ③은

없는가? 점잖은 노인도 많다. 다른 사람을 가르치려 들거나 공공 장소에서 예의를 지키지 않는 '젊은 꼰대'도 많다. 그러나 '노인들은 꼰대 짓을 한다.'라는 가설을 머릿속에 담고 있으면 ①과 ④만 눈에 들어온다. 심리학 용어로 '확증 편향', 곧 자신의 주장을 지지하는 정보만 선택적으로 취하고 그렇지 않은 정보는 의도적으로 외면하는 성향이 일어난다.

더 근본적으로 정확히 무엇을 '꼰대 짓'으로 볼지 정하기 어렵다. '불경기에는 치마가 짧아진다.'라는 가설은 성장률이 몇 퍼센트 이하일 때 불경기, 무릎 위 몇 센티미터를 짧은 치마라고 합의 볼 수 있다. 그러나 무엇을 '꼰대 짓'이라고 합의 볼 수 있을까? 금연 구역에서 흡연하는 사람에게 "여기서 담배 피우면 안 돼요."라고 말하는 것은 꼰대 짓인가 아닌가? 노인이 하면 꼰대 짓이고 젊은이가 하면 의로운 행동이라고 하면 되겠는가?

결국 '노인들은 꼰대 짓을 한다.'는 검증된 팩트가 아니다. 우리는 이렇게 말할 수밖에 없다.

> **어떤** 노인들은 꼰대 짓을 한다.
> 최 씨는 노인이다.
> 따라서 최 씨는 꼰대 짓을 할 것이다.

첫 번째 전제는 틀림없이 참이다. 다시 말해 팩트이다. 그러나 이 말은 팩트이긴 해도 하나 마나 한 말이다. 노인이든 젊은이이

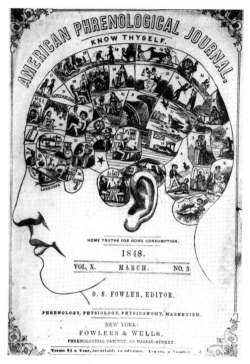

골상학은 사람의 두뇌 모양에서 사람의 성격을 알아낸다는 학문이다. 19세기에는 학술지도 출간했지만, 지금은 사이비 과학으로 인식된다. 머리가 크면 머리가 좋다는 것이 대표적인 골상학 '이론'이다. 대조 실험을 해 보면 이 가설을 쉽게 검증할 수 있는데, 사람들은 확증 편향으로 자신에게 유리한 증거만 믿는다. 셜록 홈스도 이 이론을 믿어서 『푸른 카벙클』에서 모자가 크니 모자 주인이 머리가 좋을 것이라고 말하는 대목이 나온다.(『미국 골상학 저널American Phrenological Journal』 표지)

든 어느 세대나 꼰대도 있고 꼰대 아닌 사람도 있다는 말이니 아무 내용이 없는 말이다. 그리고 이 전제에서 결론은 따라 나오지 않는다. 최 씨가 그 '어떤 노인들'에 속할지 알 수 없기 때문이다. 위 논증은 아주 개연성이 낮은 귀납 논증일 뿐이다.

그러니 누군가 "노인들은 꼰대 짓을 한다."라고 말하면 이렇게 말하라. "'어떤'이라고 말해야 하는데 '모두'를 말하고 있네요."라고. 이런 반박은 'X는 Y의 경향이 있다.'라는 주장 중 '흡연자는 폐암에 걸린다.'처럼 과학적으로 검증된 주장이 아닌 이상 모두에 써먹을 수 있다. "여자는 남자보다 운전을 못한다."라고 말하는 사람이 많다. 그러나 '어떤' 여자가 운전을 못할 뿐이다. "지방대생은 '인서울' 대학생보다 공부를 못한다."라고 생각하는 사람도 많다. ('인서울 대학교'는 서울에 있는 대학교를 말한다. 그냥 '인서울'이라고도 한다.) 그러나 어떤 지방대생이 공부를 못할 뿐이다.

'어떤' 자리에 '모두'를 써야 한다고 말하라

지금까지는 '모두'라고 말하고 있지만 그 자리에 '어떤'을 써야 하는 사례를 말했다. 그 반대도 있다. '어떤'이라고 말하고 있지만 사실은 '모두'를 말하는 경우이다. 상대방이 '어떤 X는 Y이다.'라고 주장한다고 하자. 그러나 일관적이기 위해서는 '모든 X는 Y이다.'가 되어야 한다. 그러나 위에서 말했듯이 예외 없이 '모두'가 성립하는 주장은 그리 많지 않기에 이 주장은 틀렸고, 따라서 그것을 도출시키는 애초의 '어떤 X는 Y이다.'라는 주장도 틀렸다고 반박한다. 일반화해서 말하니 무슨 말인가 할 텐데, 다음 대화를 보자.

> 갑: 회사가 어렵다고 헬스 지원을 끊었어. 헬스 지원은 꼭 필요한데 해 줘야 하는 것 아냐?

을: 왜 헬스만 지원해 줘야 해? 모든 취미 활동을 다 지원해 줘야지?

갑: 내가 언제 모든 취미 활동을 지원해 줘야 한다고 했어? 헬스
는 지원해야 한다는 거지. 헬스는 건강 유지를 위해 꼭 필요
한 거니까.

을: 다른 취미 활동도 결국 건강에 도움이 돼. 일관적이기 위해서
는 모든 취미 활동에 지원해야 하는데 회사 재정상 그러지 못
하니까 헬스 지원도 끊은 거지.

갑은 '어떤' 취미 활동은 지원해 주
어야 한다고 말한다. 그러나 을의 말
대로 일관적이기 위해서는 '모든' 취
미 활동을 지원해 주어야 한다. 그러
나 회사 재정상 모든 취미 활동을 지
원해 줄 수 없으니 본디의 어떤 취미
활동도 지원해 주지 못한다는 결론
이 나온다.

위 을의 논증은 '미끄러운 비탈
길 논증'과 비슷하다. 사소한 것
을 허용했는데 연쇄적인 과정을
거쳐 몹시 나쁜 결과에 이른다고
주장하는 논증 방식이다. 다만
미끄러운 비탈길 논증은 한 주장
에서 쭉 미끄러져 다른 주장으로
간다는 것에 주목하는 반면에,
지금은 본디의 주장을 포함해서
모든 것으로 확대된다는 것에 주
목한다. 확대의 덫에 걸리게 한
다고나 할까?

제9장에서도 언급한 개고기 식용
은 끊임없는 논쟁거리이다. 개고기 먹는 것에 반대하는 사람에게
왜 '어떤' 고기만 반대하느냐고 문제 제기할 수 있다. 일관성을 지
킨다면 소고기와 돼지고기를 포함해서 '모든' 고기를 반대해야 하
지 않느냐고 말이다. 모든 전쟁에 반대하는 평화주의자가 있다. 이
들은 적군이 침략해도 폭력을 행사해서는 안 된다고 주장한다. (설

명의 편의를 위해 이런 평화주의를 가정했다. 모든 평화주의자가 이렇게 주장하는 것은 아니다.) 이런 평화주의자에게 왜 '어떤' 폭력만 반대하느냐고 문제 제기할 수 있다. 일관성을 지킨다면 부인을 때리는 남편을 말리기 위해 쓰는 폭력을 포함해 '모든' 폭력까지 반대해야 하지 않느냐고 말이다.

이렇게 '어떤' 대신에 '모든'으로 읽는 이상 반박하기는 아주 쉽다. 세상에 예외 없는 것은 드무니까. 그러므로 상대방이 '어떤'으로 말하지만 사실은 '모든'이라고 말해야 하는 것 아닌지 잘 찾아보라. 반박하기 쉽게 말이다.

14

숨은 전제를 찾아 공격하라

지겨운 뻔한 말

대부분의 논리학 교과서는 논증이 무엇인지 설명하는 것으로 시작한다. 논증은 전제와 결론으로 이루어져 있다고 말하고, 논증의 예를 주고 실제로 전제와 결론을 찾아보게 연습시킨다. 그다지 재미있는 작업은 아닌 것 같다.

그중 숨은 전제를 찾아보게 하는 연습도 한다. 전제 중 일부가 (간혹 결론도) 생략되는 경우는 흔하다. **앞 장**에서 한 번 들었던 예를 다시 보자.

> 최 씨는 고집이 세. 저 친구도 고집이 셀 거야.

그때는 '모두'가 생략되었다는 말을 하기 위해 이 예를 들었다. 그러나 그것만 생략된 것이 아니다. 다음 전제도 생략되었다.

> 저 친구는 최 씨야.

'모두'도 마찬가지이지만, 이 전제가 생략된 이유는 대화에 참여한 사람들은 그게 없어도 논증을 이해하는 데에 문제가 없기 때문이다. 저 친구가 최 씨인 걸 다 아는데, 군이 "최 씨는 고집이 세. 저 친구는 최 씨야. 그니까 저 친구도 고집이 셀 거야."라고 말하는 것도 이상하다.

아리스토텔레스는 그 옛날에 삼단 논법을 설명하면서 '생략 삼단 논법'(제1장에서도 나왔다.)이라는 용어를 따로 만들어 말할 정도로 중요하게 다루었다. 생략 삼단 논법은 '수사학적 삼단 논법'이라고 알려져 있는데, 실제로 대중 연설에서 많이 쓰인다. 연설하면서 이렇게 말한다고 해 보자. (다음 예가 전형적인 삼단 논법은 아니라고 제1장에서 말했다.)

> 모든 사람은 죽습니다. 소크라테스는 사람입니다. 따라서 소크라테스는 죽습니다.

청중들이 너무 지루하지 않겠는가? 그러면 연설 효과도 없겠지. 대부분 사람은 이렇게 말한다.

| 소크라테스는 사람이므로 그도 죽을 것입니다.

또는

| 모든 사람은 죽습니다. 소크라테스도 죽지 않겠습니까?

그래서 논리학 교과서들은 위와 같은 생략 삼단 논법을 보고 원래의 삼단 논법을 복원해 내는 연습을 시킨다. 그러나 생략한 것이 '뻔해서' 그것을 찾아내는 작업이 그렇게 재미있을 리는 없다. 논증을 공부할 때 도움이 되기는 할 것이다. 스포츠를 배울 때 기본기를 지겹게 반복시키는 게 의미가 있는 것처럼 말이다. 그러나 당장 누군가를 반박하고 싶은데, 저 연습부터 하라는 것은 좀 무리다. 논쟁 잘하는 논객이 저런 연습을 해서 잘하겠는가?

논객 복거일

우리 모두에게 당연한 것을 생략하는 것은 자연스럽고 오히려 권장할 만한 일이다. 문제는 자신에게만 또는 자신과 의견이 비슷한 사람들에게만 당연한 것을 생략할 때 생긴다. 그것을 굳이 말하지 않을 정도로 당연하다고 생각하고 한 번도 반성해 보지 않았는데 공격당한다면 어떨까? 꼼짝없이 당하지 않겠는가?

논쟁에서 당연하게 생각해서 생략한 전제를 반박하는 전략의 중요성을 강조한 이는 소설가이며 '논객'으로 알려진 복거일 씨이다.

그는 인터뷰에서 다음과 같은 말을 했다.

> Q. 혹시 논쟁을 벌일 때 나름대로 비법이 있습니까.
>
> A. 제가 비교적 논쟁을 잘하는 편입니다. 어떤 비평가는 근본적인 해체를 하는 사람이라 그렇다고 얘기하더군요. 상대편의 논지가 담고 있는 드러나지 않은 가정들을 밝혀내서, 그 가정들에 기초한 사실과 논리에 대해서 이의를 제기하는 방식을 쓰기 때문에 논쟁을 효과적으로 한다는 얘기를 하더군요. 저도 그런 얘기에 동의해요.
>
> 대개 좌파와 논쟁을 많이 벌이게 되는데 좌파의 논리를 가만히 보면 실제로 자기가 생각하는 건 거의 없어요. 다른 사람들이 생각한 것을 그대로 달달 외우다시피 해서 받아들여요. 자기 편 사람이 얘기를 하면 그것이 타당한가에 대해 근본적인 성찰도 하지 않고 옮기기 때문에 그것에 대해서 '나는 그렇게 생각하지 않는다.'고 반론을 제기하면 의외로 논리가 쉽게 무너집니다. 그 사람들의 생각의 바탕을 둔 그 가정들을 한 번 드러내 놓고서 살피는 일부터 시작하는 게 중요해요. 저쪽의 논리나 이론이 가지고 있는 문제점들을 알아야 효과적으로 논쟁을 펼칠 수 있어요.

(『월간조선』 2002년 7월호에 실렸다. 복거일 씨는 1987년에 발표한 『비명을 찾아서』가 대표작인 소설가이지만, 우파 논쟁가로도 유명하다.)

복거일 씨가 논쟁을 잘하는지는 모르겠는데 여러 논쟁을 불러일으키거나 참여한 것은 맞다. 친일파 논쟁, 영어 공용화 논쟁, 자유주의 논쟁 등등. 20년도 넘게 지난 지금 그 논쟁에 참여하려는 것은 아니고, "상대편의 논지가 담고 있는 드러나지 않은 가정들을 밝혀내서, 그 가정들에 기초한 사실과 논리에 대해서 이의를 제기하는 방식을 쓰기 때문에 논쟁을 효과적으로 한다."라는 말은 귀담아들어야 한다고 말하고 싶어서 이 인터뷰를 인용했다. 그것은 바로 숨은 전제를 공격하는 방식이다. 자신은 당연하다고 생각해서 생략했다. 그러다 보니 평소에 '근본적인 성찰'을 하지 않은 거라 막상 반박을 받으면 '논리가 쉽게 무너'진다. 상대의 허를 찌르니 이보다 좋은 반박 방법이 있겠는가?

좌·우파 논쟁

복거일 씨가 좌파가 "다른 사람들이 생각한 것을 그대로 달달 외우다시피 해서 받아들"였다고 말하는 것이 무엇인지 궁금하다. 아쉽게도 인터뷰에는 그게 나와 있지 않다. 좌파만 그러지는 않을 것이다. 좌파든 우파든 그런 성찰 안 된 근본적인 가정이 있다. 우파가 다음과 같이 주장한다고 해 보자. 좌·우파는 **제3장**에서 말한 진보·보수와 거의 비슷한 개념이지만 복거일 씨가 쓴 용어대로 좌·우파로 말하겠다.

개인의 재산은 개인이 자신의 능력으로 열심히 노력해서 얻은 것이다.
따라서 사적 재산에 대한 권리는 전적으로 개인에게 있다.

그래서 우파는 능력과 노력에 따라 생긴 불평등은 자연스러운 것이고, 불평등은 경쟁을 불러일으키므로 오히려 사회를 발전시키는 바람직한 것이라고 본다. 이 논증에는 몇 가지 숨은 전제가 있다. 괄호 친 것이 숨은 전제이다.

(이 세상은 공정해야 한다.)
개인의 재산은 개인이 자신의 능력으로 열심히 노력해서 얻은 것이다.
(개인의 능력과 노력은 공정하게 생긴 것이다.)
따라서 사적 재산에 대한 권리는 전적으로 개인에게 있다.

첫 번째 숨은 전제는 우파든 좌파든 누구나 동의한다. 최근 우리나라에서 극우라고 부를 만한 진영에서마저 강조하는 바이다. 문제는 두 번째 숨은 전제이다. 과연 내 능력과 노력이 공정하게 생긴 것일까? 얼마든지 반박 가능하다. 능력은 태어날 때부터 다들 다르게 가지고 있고, 자라온 환경에 따라 더 차이가 난다. 심지어 노력마저도 그렇다. 이게 공정한가?
반면에 좌파는 이렇게 주장할 것이다.

> 불공평하게 대우받는 계층은 지원받아야 한다.
> 따라서 사적 재산에 국가가 간섭하는 것은 정당화된다.

여기에도 역시 숨은 전제가 있다.

> (이 세상은 공정해야 한다.)
> (불공평하게 생긴 것은 바로잡아야 한다.)
> 불공평하게 대우받는 계층은 지원받아야 한다.
> (개인의 능력과 노력은 불공평하게 생긴 것이다.)
> 따라서 사적 재산에 국가가 간섭하는 것은 정당화된다.

첫 번째 숨은 전제는 물론이고 두 번째 숨은 전제도 좌·우파를 막론하고 받아들일 것이다. 문제는 세 번째 숨은 전제이다. 이것도 반박 가능하다. 개인의 능력과 노력이 모두 불공평하게 생긴 것이라면, 노력할 필요가 뭐가 있는가? 나쁜 행동을 하는 사람도 본인 책임이 아니니 처벌하면 안 되지 않는가?

좌·우파 안에서도 워낙에 다양한 이론이 있고, 같은 좌파나 우파라고 해도 경제의 영역이냐 사상의 영역이냐에 따라 다른 의견을 내기도 하니 딱 잘라 말할 수는 없다. (특히 우리나라는 북한 문제까지 개입한다.) 따라서 위와 같이 우파와 좌파의 주장을 요약하는 데에 동의 못 하는 사람이 많을 것이다. 다만 숨은 전제를 반박하는 방법을 소개하는 것으로 이해 바란다.

깊은 의견의 차이를 해소할 수 있는가?

숨은 전제를 찾는 것은 논증의 목적을 생각할 때 중요한 성과를 가져다준다. 논증 당사자끼리 깊은 의견의 차이가 있을 때 과연 그것을 해소할 수 있을까? 좌파와 우파가 토론한다고 할 때 결국 의견의 차이만 확인하고 그것을 줄이는 일은 불가능하지 않을까? 논증을 연구하는 학자 중에도 그런 합의는 불가능하다고 주장하는 이들이 있다. 그러나 방금 보았듯이 좌파든 우파든 '이 세상은 공정해야 한다.'라는 숨은 전제는 공통적으로 가지고 있다. 운을 줄여야 한다는 데에는 모두 동의한다. 다만 의견의 차이는 개인의 능력과 노력에서 어느 정도 운이 어느 정도까지 개입되느냐인데, 이것은 사실 판단의 영역에 속하므로 의견의 차이를 해소하는 것이 원칙적으로 불가능하지 않다. 따라서 좌파와 우파의 토론은 원칙적으로 깊은 의견의 차이를 해소할 수 있다고 보아야 한다.

깊은 의견의 차이를 해소할 수 없는 경우도 있다. 의견의 차이가 아니라 취향의 차이일 때 그렇다. 누군가가 세상 모든 일이 우연에 의해 결정되는 것은 자연의 이치라고 주장한다고 해 보자. 극단적인 우파이다. 그러나 극단주의자라고 하더라도 일관성은 **제8장**에서 말한 대로 논증의 제1 덕목이므로 일관적이어야 한다. 다시 말해서 극단적 우파 자신도 우연에 의해 손해를 보더라도 받아들일 자세가 되어 있어야 한다. 가령 자신이 백인이 가장 우등한 인종이기 때문에 특혜를 받는 것은 자연스럽다고 생각하는 백인 우월주의자인데, 알고 봤더니 자신이 사실은 순수 백인이 아닌 것으로 드

프랑스 국민의회(1790년). 프랑스 혁명(1789년) 이후, 좌파 우파가 생긴 국민의회 장면. 우파-좌파는 보수주의-진보주의와 비슷한 말이다. 그런데 우리 사회에서 '진보주의'와 달리 '좌파'는 부정적인 내포가 강하다.

러난다고 하더라도 차별받을 자세가 되어 있어야 한다. 좌파는 물론이고 온건한 우파마저도 이런 극단적인 우파와는 어떤 방법으로도 의견의 차이를 해소할 수 없다. 그런 극단적인 보수의 가치관은 일종의 취향이므로, **제3장**에서 말한 것처럼 반박을 피하고 서로의 입장만 확인하고 끝내야 한다.

개발 독재 시대를 거친 한국 현대사에서 개발론자와 민주화론자의 논쟁은 지금도 계속된다. 개발론자는 약간의 비민주적이고 강압적인 방법에 의해서라도 경제적인 성장이 이루어지는 것이 중요하다고 보고, 민주화론자는 경제적인 성장이 더디더라도 민주적인 절차가 중요하다고 생각한다. (개발론자가 우파이고 민주화론자가 좌파인 것은 아니다. 진정한 보수 진영은 자유나 민주주의라는 가치를 중요시하는 집단이므로 개발론자의 주장에 동의하지 않을 가능성이 크다.) 그런데 '극단적' 개발론자가 삶의 모든 면에서 일관적인 자세를 취한다면 어떨까? 그러니까 개발론자가 자신이 비민주적이고 강압적인 방법에 의해 피해를 입더라도 경제적인 성장을 위해 불가피하다고 인정하고, 국가 차원에서뿐만 아니라 자신이 속한 단체—직장, 가족 등—에서도 같은 태도를 취한다면 개발론자와 민주화론자의 의견 차이는 해소할 수 있을까? 이런 태도는 취향의 한 가지이므로 바꾸게 할 수는 없다. 극단적인 우파나 마찬가지로 이런 태도를 가지고 사는 사람은 드물기도 하지만, 있다면 존경스럽다.

좌파 대 우파의 논쟁이나 개발론자와 민주화론자의 논쟁은 우리 사회에서 가장 첨예한 논쟁으로 의견 차이가 해소 안 될 것 같다. 그러나 앞에서 보았듯이 취향의 문제가 아닐 때는 숨은 전제를 찾으면 그 답이 보인다. 그러니 어떤 논쟁이든 의견의 차이를 줄이고 싶다면? 숨은 전제를 찾아라.

숨은 전제에서 반례를 이끌어라

낙태 찬반 논쟁을 보자. 낙태를 반대하는 사람이 가장 흔하게 드는 근거는 생명은 소중하다는 것이다. 낙태는 소중한 생명을 죽이는 것이므로, 낙태를 찬성하는 사람은 생명을 경시한다고 주장한다. 여기에는 '모든 생명은 소중하다.'라는 전제가 숨어 있다. 그러나 이 숨은 전제는 쉽게 반박된다. 낙태를 반대하는 사람이 정말로 모든 생명을 소중하게 생각하는가? 아마 일부 비건(완전 채식주의자)을 제외한다면 고기도 먹을 것이고, 부처님 같은 사람이 아니라면 모기도 잡을 것이다. 조금만 성찰해 보면 스스로 지키지 못하는 원칙이라는 것을 알 수 있는데도 막연하게 전제하는 것이다. '모든 생명은 소중하다.'라고 전제해서는 안 되고, 왜 같은 생명 중에서도 태아는 보호해야 할 생명인지 근거를 제시해야 한다.

위와 같은 낙태 반대 주장의 특징은 성찰을 거치지 않고 즉각적인 반응을 보인다는 것이다. 깊이 생각해 보지 않고 당연히 모든 생명은 소중한 것이 아니냐고 생각한다. 여러 가지 생명이 있고, 실제로 생명을 해치며 살면서도 말이다. 그런 숨은 전제일수록 반박이 쉽다. 그 전제에서 일관적이지 않은 사례를 쉽게 찾을 수 있기 때문이다. (일관성에 의한 반박은 **제8장**을 보라.)

사형제를 찬성하는 근거도 성찰하지 않는 점은 마찬가지이다. 다음 대화를 보자.

> 갑: (흉악범 관련 뉴스를 보며) 저런 죽일 놈을 봤나! 저런 놈은 똑같이 죽여야 해.
>
> 을: 사형을 찬성하시는군요. 남을 잔혹하게 죽인 사람은 똑같이 잔혹하게 죽여야 한다고 생각하는가 봐요.
>
> 갑: 당연한 것 아닌가? 나쁜 짓 하면 똑같이 당한다는 것을 알아야 다시는 그런 짓 안 하지.
>
> 을: '눈에는 눈, 이에는 이'를 지지하시네요. 그러면 남의 눈을 멀

미국에서 "더이상 죽이지 말라No More Killing."라고 구호를 외치는 시위가 있다. 이 구호만 가지고는 낙태 반대 시위인지 사형 반대 시위인지 알기 어렵다. 어느 쪽일까? 사형 반대 시위이다. 똑같이 죽이는 건데, 태아를 죽이는 낙태는 우파가 반대하고 죄수를 죽이는 사형은 좌파가 반대한다.

게 한 죄인은 똑같이 눈을 멀게 해야 하고, 남의 이를 부러뜨린 죄인은 똑같이 이를 부러뜨려야겠네요.

갑: 에이, 그건 미개한 국가에서나 하는 형벌이고.

'눈에는 눈, 이에는 이'라는 식의 동태同態 복수법은 인간이라면 누구나 생기는 원초적인 감정에 의한 것이니 존중할 만하다. 그러나 그런 근거를 가지고 있는 사람들이 사형제 외의 형벌에도 동태복수법을 적용해야 한다고 주장하지는 않을 것이다. 생명은 소중하다는 이유로 낙태를 찬성하는 경우와 마찬가지로 이와 같은 사형제 찬성도 쉽게 반례에 부딪힌다.

촉법소년은 만 10세 이상 14세 미만의 소년으로, 범죄 행위를 해도 처벌을 받지 않고 보호 처분의 대상이 된다. 최근에는 이를 악용하는 미성년자들이 늘어난다고 하기에 촉법소년의 나이를 만 13세 미만이나 12세 미만으로 낮추자는 주장이 제기된다. 촉법소년 제도를 두는 이유는 그 나이 때는 형사 책임 능력이 없다고 보기 때문이다. 그런데도 촉법소년 나이를 낮추자고 하는 주장의 숨은 전제는 12세나 13세도 형사 책임 능력이 있다는 것이다.

그러나 이 전제를 그렇게 의심 없이 받아들일 수 있을까? 그런 능력이 있다면 형사처벌만 받게 하는 것이 아니라 주어야 할 권리도 많다. 14세를 12세나 13세로 낮췄으니 14세 이상이어야 할 수 있는 것을 12세나 13세도 하게 해 주어야 한다. 지금은 15세 이상만 볼 수 있는 영화나 할 수 있는 게임도 보거나 할 수 있어야 하고, 법정 대리인 없이 은행 가서 계좌도 개설할 수 있어야 하고, (보호자의 동의를 받아야 하지만) 취업도 할 수 있어야 한다. 왜 감옥에만 보내고 그런 권리는 안 주는가? 깊이 생각하지 않고 즉각적으로 반응하니 자신의 주장에 여러 가지 함축이 있음을 생각 안 한다. 그러므로 비일관적이라고 반박하기 쉽다.

그게 왜 잘못인가?

위와 같은 즉각적인 반응뿐만 아니라 좀더 '세련된' 주장이라고 해도 마찬가지이다. 미스 코리아를 비롯한 미인 대회는 끊임없이 비판받아, 미스 코리아는 더이상 지상파 방송에서 중계하지 않으며 수영복 심사도 폐지되었다. 미인 대회를 비판하는 가장 큰 이유는 외모를 기준으로 사람을 평가한다는 것이다. 여기에는 외모를 기준으로 사람을 평가하는 것은 잘못이라는 전제가 숨어 있다. 논증으로 정리해 보면 이렇다.

> 미인 대회는 외모를 기준으로 사람을 평가한다.
> (외모를 기준으로 사람을 평가하는 것은 잘못이다.)
> 따라서 미인 대회는 폐지되어야 한다.

미인 대회를 반대하는 쪽은 첫 번째 전제를 말하면서 그것이 잘못이라는 것을 대놓고 말하지 않는다. 다들 알 것이라고 생각해서인지 아니면 잘못이라고 대놓고 말하면 너무 강한 주장으로 이해될까 봐 그러는지는 모르겠다. 그러나 외모를 기준으로 사람을 평가하는 것이 꼭 잘못인가? 우리는 사람들을 여러 가지 속성을 가지고 평가한다. 교사는 가르치는 능력으로 평가하고 운동선수는 운동 능력으로 평가하고 외과 의사는 수술 능력으로 평가한다. 마찬가지로 외모에 따라 평가할 때도 있다. 그게 왜 잘못인가?

성매매에 대한 반대 의견도 마찬가지이다. 가장 큰 성매매 반대

의견은 성을 상품화한다는 것이다. 여기에도 위 미인 대회 논쟁과 마찬가지로 '성을 상품화하는 것은 잘못이다.'라는 전제가 숨어 있다. 자본주의 사회에서 많은 것을 사고파는데 왜 성을 상품화하는 것은 잘못인가?

지금 '외모를 기준으로 사람을 평가하는 것은 잘못이다.'라거나 '성을 상품화하는 것은 잘못이다.'라는 전제가 틀렸다고 주장하는 것이 아니다. 이 책의 기본적인 태도는 논증 방법을 소개하려는 것이지 특정 논증을 하려는 것이 아니다. 미인 대회나 성매매를 비판하는 사람들은 이 전제들을 당연하게 받아들이지만 막상 그것이 옳다는 것을 입증한 적이 없다는 것을 지적하려는 것이다. 거꾸로 미인 대회나 성매매를 즐기는(?) 사람들도 그것이 잘못된 전제임을 입증하지 않고 본능에 따라 즐길 뿐이다. 어느 쪽이든 복거일 씨가 말했듯이 "타당한가에 대해 근본적인 성찰도 하지 않"은 것이기에 언제나 비판받을 수 있다. 그러지 않기 위해서는 스스로 성찰하여 탄탄하게 해야 한다. 일찍이 소크라테스는 성찰되지 않은 삶은 살 가치가 없다고 말했는데, 이 말을 논증에도 적용해 볼 수 있다. "성찰되지 않은 전제는 반박하기 쉽다."라고.

15

진짜 전문가가
맞느냐고 물어라

권위에 기대라

이 책에서 팩트의 중요성은 여러 번 강조했다. 팩트가 아니거나 입증되지 않은 근거로는 자신의 주장을 지지할 수 없기 때문이다. 제12장에서 든 논증 예를 다시 들어 보자.

> 범죄를 엄하게 처벌하면 범죄가 줄어든다.
> 따라서 범죄를 엄하게 처벌해야 한다.

얼마든지 이런 주장을 할 수 있다. 그러나 '범죄를 엄하게 처벌하면 범죄가 줄어든다.'라는 근거를 상식으로 생각하는 사람들이 많지만 정말로 팩트인지 물으라고 말했다. "범죄를 엄하게 처벌하면 정말로 범죄가 줄어드나요? 저는 잘 모르겠는데요."라고 말이다.

이때 통계치나 교과서 또는 전문가의 의견은 사람들이 신뢰를 보내는 믿을 만한 출처이다. 통계치를 만드는 사람도 전문가이고, 교과서도 전문가끼리 합의된 내용이 들어가므로 이것들도 결국 전문가의 의견이다.

> 갑: 범죄를 엄하게 처벌하지 않으니 범죄가 줄어들지 않아. 범죄를 엄하게 처벌해야 해.
> 을: 범죄를 엄하게 처벌하면 정말로 범죄가 줄어드나요?
> 갑: 그건 상식 아냐? 그것도 몰라?
> 을: 저는 잘 모르겠는데요. 누구한테 들었어요? 어떻게 알았는지 알려주세요.

마지막처럼 물으면 다음 중 하나처럼 대답하면 된다.

▍ 뉴스에서 봤어.
▍ 아, 범죄학 교수 이 아무개가 그러더라고.
▍ 논문 찾아봤어. 범죄학회지 검색해 봐.

'기레기'라고 욕하는 사람도 없는 것은 아니지만 그래도 언론은 대체로 신뢰를 받는 출처이다. 관련 전공 교수라면 충분히 전문가로 인정할 만하다. 해당 분야의 학술 잡지에 실린 논문이라면 더할

나위 없는 전문 지식이다. 전문가 또는 전문 지식은 권위가 있다. 권위에 기대는 것은 훌륭한 논증 방법이다. '권위에의 호소'를 오류 중 하나로 아는 사람들이 있다. 그러나 권위, 곧 전문가의 의견에 기대는 것이 왜 잘못인가? '잘못된 권위'에 호소하는 것이 오류이다.

우리는 세상일을 다 경험해 볼 수 없다. 이 복잡한 세상에서 자신 있게 아는 것은 아주 일부분일 뿐이다. 당연히 다른 사람의 도움을 받을 수밖에 없다. 전문가는 관련 분야에서 전문성을 쌓은 사람이니 거기에 의존하는 것은 합리적인 선택이다. 일종의 지식의 '아웃소싱'이다.

지식의 아웃소싱

주장의 내용이 아니라 주장하는 사람에 주목하는 것을 논리학에서 '사람에게의 호소'라고 부른다. 그리고 **제18장**에서 자세히 보겠지만 '사람에게의 호소'는 오류로 간주되는 경우가 많다. 누가 주장했느냐는 그 주장의 정당성과 관련이 없기 때문이다. 전문가라는 사람에 기대는 것도 사람에게의 호소 아닐까? 전문가의 증언이 참인지 거짓인지 검증해 보지 않고 단지 전문가가 말했다는 이유 하나만으로 그 말을 참으로 받아들이는 것이니 말이다.

그렇지 않다. 전문가의 권위에 기대는 것은 그 '사람'에게 기대는 것이 아니라 그 사람들이 쌓아 놓은 '지식'을 신뢰하는 것이기 때문이다. 인공 지능의 한 방법인 '전문가 시스템expert system'을

시라노 드 베르주라크(Cyrano de Bergerac, 1619~1655). 프랑스의 시인이자 검사. 그를 주인공으로 한 희곡에서 시라노가 연애편지를 대신 써 주는 설정을 모티브로 한 한국 영화가 〈시라노-연애조작단〉(2010)이다. 이 영화에서 잘 나가는 펀드 매니저 상용(최다니엘 분)은 이른바 '연애 에이전시'에 좋아하는 여자와 연애를 할 수 있도록 부탁한다. 능력 있는 사람이 왜 연애 에이전시를 이용하느냐는 질문에 상용은 "일종의 아웃소싱이죠. 더 잘할 수 있는 분야에 집중하기 위해 상대적으로 약한 분야는 외주업체에게 맡기는 겁니다."라고 대답한다.

생각해 보라. 이것은 전문가의 지식을 프로그램화해서 전문가에게 일일이 물어보지 않고 필요할 때마다 그 지식을 이용하는 시스템을 말한다. 전문가 시스템이 완벽하게 구축된다면 전문가에게 물어보는 것이나 전문가 시스템을 이용하는 것이나 차이가 없게 된다. 그때는 전문가에게 묻는 것이 '사람'에게 호소하는 것이 아닐

것이다. 마찬가지로 '사람'인 전문가에게 호소하는 것도 동료들의
엄격한 검증을 통과한 전문 지식의 데이터베이스에 들어가 그곳으
로부터 필요한 지식을 끌어내는 것이므로 사람에게의 호소 논증은
아니다.

의사와 무당의 차이

전문가에게 신뢰를 보내는 것은 합리적이다. 아프면 의사를 찾아
가야지 무당을 찾아가면 안 된다. 그런데 왜 전문가에게는 신뢰를
보내도 될까? 전문가라고 할 때 흔히 떠오르는 사람은 의사나 변
호사나 박사와 같은 '사'자가 들어가는 사람들이다. 이들의 특징
을 생각해 보라. 전문가들 사이에는 오랫동안 검증되고 합의된 전
문 지식이 있다. 소정의 교육 과정과 시험을 거쳐 그 전문 지식에
접근할 수 있는지 확인하고 자격 증명을 부여한다. 이 전문 지식은
끊임없이 동료 전문가들로부터 평가를 받는다. 가령 과학자의 연
구 업적이 발표되는 학술지는 다른 과학자들로부터 심사를 받는데
이를 '동료 평가peer review'라고 한다. 이것이 객관적인 신뢰도를
담보해 준다.

무당이나 전통 의학의 비방秘方을 쓰는 사람을 전문가로 인정할
수 없는 이유는 이와 같은 특징이 없기 때문이다. 무당의 치료 행
위나 비방을 배우는 공인된 교육 과정도 없고, 자격증을 부여하는
시험도 없고, 동료들의 평가를 받는 학술 잡지도 없다. 그들의 지
식은 동료들의 평가를 거쳐 검증되고 합의된 것이 아니라는 말이

전문가가 아닌데 전문가인 척하는 가짜 전문가를 속된 말로 '졸문가', '방구석 전문가'라고 한다. 제 4장에서 무슨 근거를 들이대도 끄덕없는 사람은 자신에게 유리한 증거만을 찾는다고 말했다. 그 때 주로 가짜 전문가에 의존한다.

다. 그것은 신뢰를 보낼 수 있는 전문 지식이 아니다.

동등하고 반대되는 박사들

그러나 문제는 전문가라고 하는 사람들끼리 의견이 다른 경우이다. 2023년의 후쿠시마 오염수 사태를 보더라도 오염수가 인체나 환경에 해롭지 않다고 말하는 사람도 전문가이고 해롭다고 말하는 사람도 전문가이다. 모두 해당 분야의 박사이고 교수이다. 일반인으로서 누구 말에 신뢰를 보내야 하는가?

'깁슨의 법칙Gibson's law'이라는 것이 있다. 법정에서 박사가 나와서 증언하면 또다른 박사가 나와서 반대되는 증언을 한다는 내용이다. 배심원이 유무죄를 결정하는 미국 재판에서는 누구 말을 믿어야 할지 헷갈릴 수밖에 없다. 판사가 유무죄를 결정하는 우리나라의 판사도 헷갈리기는 마찬가지이다.

그러하니 좀 야비하기는 하지만 상대방이 전문가를 동원하면 반대되는 전문가를 찾아라. 깁슨의 법칙도 '법칙'은 법칙이니 그 법칙에 따르면 그런 전문가가 분명히 있을 것이다. 후쿠시마 오염수가 해롭지 않다는 박사의 발언에는 오염수가 해롭다는 박사의 발언을 들이대라. 그렇다고 해서 논쟁에서 이기는 것은 아니다. 어쨌든 지지는 않는다.

'더 전문가'가 있고 '덜 전문가'가 있다

지지 않는 반박 방법을 말하는 것은 좀 무책임하다. 난무하는 전문가의 의견들 사이에서 정말로 신뢰할 수 있는 지식을 구분하는 방법이 있을까? 상대방이 전문가를 동원하지만 아무리 봐도 진짜 전문가가 아닌 것 같다.

아폴로 우주선이 달에 간 것은 조작이라고 믿거나 심지어 지구가 평평하다고 믿는 사람들이 있다. 그러나 아폴로 11호 달 착륙설이나 평평한 지구설을 의심하는 사람을 쉽게 반박하는 방법이 있다. 전문가 중에서는 의심하는 사람이 없다는 사실이 그것이다.

로버트 프록터Robert N. Proctor. 미국 스탠퍼드 대학교의 과학사학자인 로버트 프록터(1954~)는 담배의 유해성 재판에서 담배 회사들이 자신들에게 유리한 판결을 끌어내기 위해 어떻게 전문가 들을 이용했는지 밝히는 연구를 했다. 거기서 "모든 박사 학위에는 동등하고 반대되는 박사 학위 가 있다."라는 말을 했다. '깁슨의 법칙'에서 깁슨이라는 이름은 임의의 이름을 붙인 듯하다.

심지어 당시 미국과 달 착륙을 경쟁하던 소련도 이를 의심하지 않는다. 이른바 음모론 수준의 근거만 있을 뿐이다. 그러나 코로나19가 유행할 때 백신 접종이나 마스크 착용을 반대하는 의견은 좀 다르다. 의사나 박사 들이 나와 백신 접종이 안전하지 않고 마스크 착용이 효과가 없다고 주장한다. 지구 온난화를 다들 걱정한다. 그러나 지구 온난화가 거짓이거나 과장이라고 주장하는 사람들이 있다. 이들은 아폴로 우주선이나 평평한 지구설을 주장하는 사람들과 달리 박사들이다. 누구 말을 믿어야 할까? 도움이 되도록 몇 가지 기준을 제시하겠다.

첫째, 전문가 중에서도 더 전문가인 사람이 있고 덜 전문가인 사람이 있다. 현대 과학의 지식은 워낙에 전문적이어서 같은 학문 내에서도 세부적인 영역으로 나뉜다. 의사라고 해서 모든 분야를 잘 아는 것이 아니라 내과, 외과, 소아과 따위로 나뉘고 내과 안에서도 소화기, 호흡기, 순환기 따위로 또 나뉜다. 잘은 모르겠지만 소화기내과 안에서도 또 위 전문가, 간 전문가 따위로 나뉘지 않을까? 방대한 지식의 양 때문에 자신의 세부적인 전문 분야가 아니면 잘 모를 수밖에 없다.

전문가라고 언론에 자주 나오는 사람들은 넓게 보면 전문가이지만 좀더 좁혀서 보면 전문가가 아닌 경우가 많다. 해당 분야의 전문가들은 워낙에 바빠서 기자들의 인터뷰에 응할 시간이 없다. 또 기자가 물으면 "그럴 수도 있지만 꼭 그런 것은 아니에요. 이러이러한 조건에서는 안 그럴 수도 있어요."라고 학문적인 '엄밀성'으로 말하니 딱 부러지는 답변을 원하는 기자의 구미에 맞지 않는다. 그러다 보니 기자는 학회의 임원이나 대중적인 활동을 하는 학자와 접촉하는데, 이들은 세부 영역의 전문가는 아닐 가능성이 크다. (심지어 기자의 구미에 맞는 전문가를 연결해 주는 회사도 있다고 한다.)

코로나19 백신 접종의 전문 분야는 역학 또는 예방 의학 또는 감염 의학이다. 백신 접종에 반대하거나 집단으로 성명을 발표하는 의료인들이 있었는데 대체로 백신과 전염병의 전문 분야 밖의 전문가들이다. 예컨대 2021년 말에 코로나19 백신에서 살아 있는 미생물이 발견되었다는 의사의 주장이 SNS를 통해 퍼져 나갔는데 그 의사는 산부인과 의사였다. 그리고 2021년 2월에 '코로나19 백신의 안전성을 우려하는 의료인 연합(가칭)'이라는 단체에서 '코로나19 백신 의무 접종 법안에 반대한다'라는 의료인 성명서를 발표했는데, 여기에 이름을 올린 19명의 의료인 중 7명만 의사이고 나머지는 치과 의사와 한의사였다. 의사들도 관련 전문 분야가 아니거나 세부 전공을 알 수 없다. 전문가라고 하더라도 진짜 전문가가 맞느냐고 물어야 한다.

> 갑: 내 지인이 카톡으로 '코로나 바이러스의 진실'이라는 유튜브를 보내 줬는데 대박이야. 백신은 맞아도 소용없대.
>
> 을: 누구 유튜브예요?
>
> 갑: 의사가 만든 유튜브야. 전문가 말인데 못 믿어?
>
> 을: 무슨 의사인데요?
>
> 갑: 음, …… 산부인과 의사네.
>
> 을: 진짜 전문가가 맞나요?

학술 잡지와 대중 잡지

전문가들끼리 의견이 충돌할 때 판가름하는 둘째 방법은 논쟁과 토론이 동료 평가를 받는 학계 내에서 이루어지는지 보라는 것이다. 당연한 말이지만 원숭이도 나무에서 떨어진다는 말처럼 전문가도 틀릴 수 있다. 전문가의 의견에 이의를 제기하고 그것을 수정하고 다시 토론하고, 이것이 학계의 자연스러운 과정이다. 그럼으로써 이론은 발전한다. 그런데 주의할 것은 이 과정이 신문이나 대중 잡지가 아니라 학술 대회나 학술 잡지를 통해 이루어지고 또 그래야 한다는 사실이다. 코로나 백신의 부작용이나 비효용성 주장도 얼마든지 오류가 있을 수 있다. 심지어 왜곡이나 부정직도 있을 수 있다. 그러면 해당 학회의 학술 대회나 학술지에 발표하여 검증을 받아야 한다. 그래야 전문성, 객관성, 공정성을 신뢰할 수 있다. 그렇지 않고 위 대화에서처럼 유튜브를 이용하거나 언론을 이용하는 것은 학술적 토론의 과정이 아니다. 거기서의 주장은 일방적 주장만 있지 검증하고 수정하는 절차가 없기 때문이다.

과학사학자 나오미 오레스케스와 에릭 콘웨이는 『의혹을 팝니다』(미지북스, 2012)라는 책에서 벤 센터라는 대기 과학자의 사례를 소개한다. 그는 온실가스에 관한 보고서를 작성했는데, 동료 평가의 논평에 따라 수정도 하고 논평이 적절하지 않으면 그 이유도 설명했다. 그런데 지구 온난화를 부정하는 과학자들은 『월스트리트 저널』을 비롯한 신문과 잡지에 편지를 보내서 센터가 보고서를 조작했다고 비난했다. 자연스러운 수정과 답변 과정을 '조작'이라

『의혹을 팝니다』의 원서 제목은 『의심의 장사꾼Merchants of Doubt』이다. 그리고 부제는 '어떻게 한 줌의 과학자들이 담배 연구부터 지구 온난화까지 진실을 가렸는가How a Handful of Scientists Obscured the Truth on Issues from Tobacco Smoke to Global Warming'이다. '의혹'을 제기해서 돈을 벌려고 하는 '장사꾼'은 '한 줌'밖에 안 되는 과학자들이라는 말이다.

고 부르는 것도 문제이지만, 그것을 학술 잡지가 아니라 대중 잡지나 방송을 통해 주장을 펼치는 것이 문제이다.

학회나 학술 잡지가 있다고 해도 자기들끼리만 모이고 자기들끼리만 투고하는 학회나 학술 잡지라면 그것도 문제이다. 따라서 권위 있는 학회나 학술 잡지인지 확인해야 한다. 과학 인용 색인(SCIE)이 그것을 확인하는 한 가지 방법이다.

누가 더 말빨이 서는가?

관련 논의가 학술 잡지에서 일어나는지 대중 잡지에서 일어나는지 보라고 말했지만, 일반인은 학술 잡지를 어떻게 검색하는지도 잘 모르고 읽어도 이해하기 어렵다. 그래서 전문가들끼리 의견이 충돌할 때 판가름하는 셋째 방법은 누구나 접속할 수 있는 인터넷을 이용하라는 것이다. 인터넷이라고 해서 '코로나 바이러스의 진실'처럼 특정 주장에 기울어진 누리집을 말하는 것이 아니다. 그런 곳은 지지자들만 모일 테니 한 가지 관점만 대변하고 그 반론을 분명히 소개하지 않는다. 구글과 같은 검색 사이트나 포털 사이트에서는 경쟁하는 견해들이 어떻게 반론을 주고받는지 파악할 수 있다. 구글에 가서 '지구 온난화'나 '코로나19'를 검색해 보라. 상위에 뜨는 항목을 보면 전문가들이 지구 온난화나 코로나19와 관련해서 어떤 의견에 합의하는지 알 수 있다. 제22장에서 대중에게의 호소를 말할 때 다시 말하겠지만, 다수의 의견이라고 해서 진실은 아니다. 그러나 소수 의견에 증명 책임을 떠넘기면 된다.

넷째, 논쟁의 내용은 몰라도 논쟁의 대화 형식을 자세히 들여다보면 어느 쪽이 우위에 있는지 짐작할 수 있다. 학술 잡지를 직접 볼 수 없는 일반인이라도 텔레비전의 시사 프로그램 등을 볼 수 있으니 거기서 경쟁하는 견해들끼리 어떻게 반론을 주고받는지 보자. 물론 비전문가로서 그 논쟁의 내용을 따라갈 수도 없고 평가할 수도 없다. 충돌하는 두 전문가 중 대화에서 누가 더 우위에 있는지 판단해 보라. 예를 들어 첫 번째 전문가가 결론을 지지하는 증거를 제시할 때마다 두 번째 전문가가 그 증거를 반박하는데, 그 반대의 상황에서 첫 번째의 전문가는 그렇게 하지 못한다. 반박하지 못하거나 반박을 회피한다. 이럴 때 우리는 두 번째 전문가가 첫 번째 전문가보다 대화적으로 우위에 있다고 또는 대화적 합리성이 있다고 생각하고, 두 번째 전문가의 증거를 간접적으로 정당화한다. 상대방의 반박에 답변한다는 것은 지식의 우월성도 증명하고, 독단적이고 오만하지 않다는 지적 성실성도 보여 준다. 논증의 양 당사자 중 누가 더 버벅거리지 않고 빠르고 매끄럽게 대응하느냐도 판단 기준이 될 것이다.

특정 주장을 하면서 공개된 대화에 아예 참여하지 않는 진영도 있다. 그들은 동료 평가 학술 잡지나 공개된 방송에서 주장을 펼치기보다는, 위에서 말했듯이 주로 SNS를 이용한다. 그것은 자신의 주장만 펼치고 예상되는 반론은 회피한다는 증거이다.

특정 주장을 하는 사람의 행적이나 실적을 검토하는 것도 한 가지 방법이다. 과거에 치명적인 잘못을 한 적이 있거나 특정 기업의 연구비를 받고 그런 주장을 하지 않는지 보는 것이다. 이것은 앞에서 말한 '사람에게의 호소'이다. **제18장**에서 이 주제로 말할 때 다시 언급하겠다.

제6부

—

논리
체크로
반박하기

16

딴소리하지 말라고
지적하라

제대로 된 반박

지겹게 반복하지만 논증은 주장(결론)과 근거(전제)로 이루어져 있다. 주장과 근거가 합해져 논증이 되는 것이지 주장만 딸랑 한다고 해서 논증이 되는 것은 아니다. 논증이 무엇인지 이해하는 것은 논증을 반박할 때도 중요하다. 논증을 반박한다는 것은 주장이 틀렸다고 비판하는 것이 아니다. 근거가 주장을 지지하는 관계를 비판하는 것이기 때문이다. **제1장**에서 맨 먼저 말했지만, 논증의 반박은 무릇 근거가 틀렸다거나(팩트 체크), 근거가 주장을 제대로 지지하지 못한다고(논리 체크) 비판하는 것이다.

　방금 말한 것은 중요하므로 다시 한번 말하겠다. 논쟁에서 상대방의 결론, 곧 주장을 비판하면서 반박을 하고 있다고 말하는 경우가 자주 있다. 그러나 주장이 틀렸다고 비판하는 것은 반박이 아니다. 사형제를 둘러싸고 다음과 같은 논쟁을 주고받는다고 해 보자.

> 갑: 사형은 폐지되어서는 안 돼. 왜냐하면 사형이 있으니까 흉악 범죄가 어느 정도 예방되기 때문이야. 만약 사람을 죽여도 사형에 처하지 않는다면, 살인 사건은 계속 증가할 거야.
>
> 을: 사형도 역시 사람을 죽이는 것이야. 살인을 용서할 수 없으니까 그것을 벌하는 것이라면 그 벌은 살인이어서는 안 되겠지. 그러니까 사형은 폐지되어야 한다고 생각해.

갑은 사형이 존치되어야 한다고 주장하고 을은 사형은 폐지되어야 한다고 주장한다. 각각 각자의 전형적인 지지 근거를 제시하고 있다. 그러나 을이 갑을 반박한다고 한다면 문제이다. 갑이 사형 폐지를 반대하며 어떤 근거를 들었는지 보라. 사형 제도는 흉악 범죄를 예방할 수 있다는 근거를 들었다. 이른바 예방론이다. 그러면 을은 이 근거를 또는 이 근거와 주장(사형제 존치) 사이의 관계에 대해 반박해야 제대로 된 반박이 된다. 하지만 을은 그 근거는 전혀 언급하지 않는다. 사형 역시 살인이라는 을의 주장은 사형제를 반대하는 훌륭한 근거인 것은 맞다. 그러나 사형제라는 제재만 같지 갑이 든 근거와는 관련이 없다.

논점에서 벗어난 딴소리

반박한다고 하면서 을처럼 논점에서 벗어나는 것은 엉뚱한 소리를 하는 것이다. 반박인 것처럼 보이지만 근거는 언급하지 않고 주장에만 반대 의견을 제시하는 것은 딴소리를 하는 것이다. 딴소리라는 쉬운 말로 말했지만, 논리학의 전문 용어로는 '논점 일탈'이라고 한다. 당연한 말이지만, 주장을 지지하는 근거는 그 주장과 관련이 있어야 한다. 그런데 관련이 없는 엉뚱한 근거를 제시했을 때 논점 일탈이 된다. 위 을처럼 논점 일탈하면 지적하라. 딴소리하지 말라고.

딴소리를 하는 이유는 상대방의 논증, 곧 주장과 근거를 살펴보는 것이 아니라 주장만 살펴보기 때문이다. 논증의 기본을 지키지 못했다. 이러면 상대방을 제대로 때리지도 못하고 헛심만 쓴다. 위의 갑을 반박하기 위해서는 적어도 다음과 같이 말해야 한다.

> 을: 너는 사형에 범죄 억지력이 있다고 말하지만 검증된 바가 있니? 실제 범행을 생각하다가 사형제가 있어서 그만두는 경우는 그다지 많지 않을 것 같은데. 실제로 미국에서 사형제가 있는 주가 없는 주보다 오히려 범죄율이 높다고 하는데, 사형에 범죄 억지력이 없다는 증거잖아.

을은 **제12장**에서 말한 팩트 체크를 하고 있다. 이게 강력한 반박인지는 모르겠지만, 적어도 갑이 든 근거를 언급하고 그것을 검토했다는 점에서 적절한 반박이다. 물론 상대방이 든 근거를 직접 비판하지 않으면서도 반박을 할 수는 있다. 그래도 그 근거를 언급은 해야 한다. 이런 식으로 말이다.

> 을: 사형에 범죄 억지력이 있다는 네 근거를 인정할 수는 있어. 아무리 그렇다고 하더라도 사형 역시 살인의 하나이므로 옹호할 수 없어. 아무리 효과가 좋다고 하더라도 사람을 죽이는 것은 용납할 수 없잖아.

이 반박은 갑의 근거인 범죄 억지력을 직접 비판하지는 않는다. 그렇지만 그 근거를 언급한다. 그 근거가 일리가 있기는 하지만 자신이 드는 사형 반대 근거를 누를 만큼 강한 근거는 아니라는 것이다. 근거끼리 일종의 저울질을 하는 것이다. 적어도 이런 식으로라도 상대방의 근거를 언급해야 딴소리하지 않는 반박이 될 수 있다.

바보들의 설득

반박은 주장과 다른 목소리를 내는 것이 아니다. 상대방의 주장에 동조하면서도 반박할 수 있다. 예컨대 나도 사형제에 찬성하기는 하지만 너와 같은 근거를 제시하는 것은 올바른 찬성 방법이 아니라고 반박하는 것이다. 상대방의 근거를 가지고 논박을 주고받아야 논쟁이 깊어지고 생산적인 논의가 가능해진다. 서로 자신의 주장만 내세우다가는 제자리에 머물 뿐이다.

딴소리하지 않고 반박해야 설득이라는 논증의 애초 목적도 달성할 수 있다. 내가 제시하는 근거가 옳다고 말하는 것보다 상대방이 제시한 바로 그 근거가 잘못되었다고 말하는 것이 상대방에게는 훨씬 솔깃하다.

> "바보는 자신이 제시한 이유로 나를 설득하지만, 현명한 사람은 내가 제시한 이유로 나를 설득한다.(The fool tries to convince me with his reasons; the wise man persuades me with my own.)"라는 영어 글귀가 있다. 아리스토텔레스가 한 말로 알려졌지만, 아리스토텔레스는 그런 말 한 적이 없는 이른바 가짜 명언이다. 출처야 어쨌든 이 상황에 딱 맞는 말이다.

앵무새 반박

반박하지 않고 딴소리하는 이유는 상대방의 주장에 제시된 근거가 근거로서 적합한지 검토하지 않고 자신의 주장만 생각하기 때문이다. 딴소리하는 것은 결국 자신의 주장만 되풀이하는 것이고, 이것은 **제1장**과 **제3장**에서 말한 고장 난 녹음기를 트는 격이다. 요즘 세대는 '녹음기'라고 하면 윈도우즈의 기본 프로그램을 떠올릴 테니 '고장 난 녹음기' 비유가 잘 와 닿지 않을 것이다. 신세대에게 그보다 널리 쓰이는 비유는 앵무새이다. 사람의 말을 이해하지 못한 채 사람 말을 따라 하기만 하는 앵무새처럼, 상대방이 어떤 근거를 들어 주장해도 그것에 아랑곳하지 않고 자기주장만 반복하는 사람이 앵무새와 같다고 보기 때문이다.

논쟁에도 혐오가 많이 개입되는 시대가 되어서 그런지 '고장 난 녹음기'와 달리 앵무새 비유는 비하 또는 혐오의 의도로 쓰이는 경우가 많으므로 주의해야 한다. '앵무새'의 '앵'자 자리에 자신이 비하하려는 주장의 약자를 넣고 쓰는데, '군무새'가 대표적이다. 대체로 페미니즘 진영과 반페미니즘 진영이 논쟁할 때 페미니즘 쪽이 여성 차별이나 성 평등에 관한 논증을 하면 "여자도 군대에 가야 한다."라거나 "군대를 안 다녀와서 그렇다."라고 군대 말만 반복하는 것을 '군무새'라고 부른다. 반페미니즘 쪽 역시 페미니스트들이 어떤 논증에도 "남자들은 여성 혐오를 경험해 보지 않아서 몰라."라고 대답하는 것을 '페미무새' 또는 '여혐무새'라고 부른다.

상대방이 무슨 근거를 제시해도 정말로 앵무새처럼 같은 주장만 반복하는 건 반박은 하지 않고 딴소리만 하는 것이다. 그러나 '군무새'나 '페미무새'라고 모는 것도 크게 다르지 않다. 논쟁 상대방이 제시하는 수많은 발언 중 자신이 혐오하는 발언에만 꽂혀서 앵무새와 같다고 말하기 때문이다. 그런 점에서 일종의 혐오 표현이다. 상대방이 무슨 말을 해도 앵무새로 단정하는 것 역시 또 하나의 앵무새 논리이고, 이것 역시 반박은 하지 않고 딴소리만 하는 것이다. 앵무새 쪽이든 앵무새로 모는 쪽이든 생산적인 논쟁에 전혀 도움이 안 되는 태도이다. 주장을 지지하기 위해 근거를 제시하고, 상대방과의 논쟁을 통해 근거를 검토하는 것은 논증의 핵심적인 과정이다. 앵무새 타령은 이런 논증이 애초에 진행되지 않게 봉쇄하는 것이다. (토론의 방해는 **제19장**을 보라.)

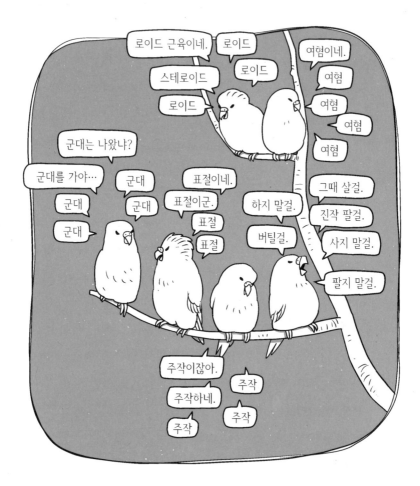

상대방이 어떤 주장을 해도 그것에 아랑곳하지 않고 같은 말만 반복하는 사람을 인터넷에서는 앵무새에 비유한다. 반박을 하기는 하지만 상대방이 제시한 근거와 상관없이 자신의 주장만 반복하는 것도 앵무새와 다름없다.

말 바꾸기의 고수

딴소리, 그러니까 논점 일탈을 하는 이유는 주장과 근거를 모두 살펴보는 것이 아니라 주장만 살펴보기 때문이라고 말했다. 그러나 뭔가 논리가 궁색하니까 그럴 수도 있다. 다음 대화를 보자.

> 갑: 후쿠시마 원자력 발전소 사고에서 보았듯이 원자력이 얼마나 위험한지 잘 알지? 지금 있는 원자력 발전소도 가동을 중단해야 하고 추가 건설도 해서는 안 돼.
> 을: 우리나라의 전력 소비는 갈수록 늘어나고 있어. 화력 발전은 탄소 배출이 어마어마하지. 원자력 발전밖에는 대안이 없어.

갑은 원자력 발전소의 위험성을 근거로 들어 반대하는데, 을은 전력 소비를 위해서는 원자력 발전이 필요하다고 말한다. 원자력의 위험에 대해서는 전혀 언급하지 않는다. '전력 소비가 갈수록 늘어난다.'라는 근거는 팩트 체크해야 할 필요도 있지만, 설령 팩트라고 해도 '원자력 발전은 위험하지 않다.'라는 주장과는 전혀 관련이 없다. 원자력이 전기를 많이 쓰면 덜 위험하고 적게 쓰면 위험한가? 위의 사형제 보기에서 말한 것처럼 "원자력이 위험한 것은 나도 아는데, 그래도 전력 소비 생각하면 이 방법밖에 없어." 라고 주장한다면 모를까.

왜 이런 딴소리를 할까? 상대방이 어떤 근거를 들었는지에 주의를 기울이지 않아서 그럴 수도 있지만, 그 근거를 반박할 마땅한 방법이 없어서 그럴 수도 있다. 곤란하니 일종의 말 바꾸기를 한 셈이다.

딴소리는 정치인이 아주 잘 쓰는 대답 방법이다. 뭔가 곤란한 것을 물어볼 때 완전히 다른 이야기를 하면 동문서답하는 게 너무 티가 난다. 그래서 같은 주제이기는 하지만 논란이 덜한 뻔한 이야기로 주의를 돌리는 것이다. (논점 일탈은 영어로 red herring, 곧 훈제 청어라고 한다. 훈제 청어는 냄새가 지독해서 그쪽으로 주의를 돌리게 한단다.)

> 기자: ○○기업의 불법 비자금 조성에 대해 어떻게 생각하시나요?
> 정치인: 불법 비자금은 심각한 범죄입니다. 부의 정당한 분배를 막는 범죄입니다. 우리 정부는 불법 비자금을 방지하는 여러 제도를 두고 있습니다.

이럴 때는 답답하다. 더 심하게는 그 비자금 조성에 관련된 정치인이 저렇게 말한다면 남 이야기하듯이 말하는 이른바 '유체 이탈 화법'이 된다. 딴소리든, 말 돌리기든, 유체 이탈 화법이든 지적하라. 딴소리하지 말라고.

17

허수아비를
공격하지 말라고 말하라

논증은 전쟁인가?

논증의 목적은 상대방을 이기는 것일까? **제2장**에서도 말했지만, 논증을 연구하는 학자들은 대체로 이기는 것이 목적이 아니라고 말한다. 그들은 논증의 목적은 대화 참석자들이 서로 협력해 더 좋은 해결책을 찾는 것이라고 말한다. 꼰대 같은 말로 들릴지도 모르겠지만 이 꼰대 같은 말이 오히려 굉장히 현실적인 논증의 목적이다. 논증을 싸움으로 생각하고 이기려는 목적이 강하다 보면 상대방의 주장을 곡해하게 되기 때문이다. '적'의 주장을 나에게 유리하게 해석하면 당장은 싸움에서 이길지 모르겠지만 결국에는 지게 된다. 생각해 보라. 전투에서 내가 공격해야 하는 목표가 아닌 엉뚱한 목표를 공격했는데 이길 수 있겠는가? 헛심만 쓰지. 또는 상대를 너무 얕잡아 보거나 거꾸로 너무 세게 생각하는 것도 전쟁에 지는 지름길이다.

'논증하다'의 영어는 'argue'이다. 그런데 'argue'의 첫 번째 뜻은 '말싸움하다'이다. 논증은 기본적으로 싸움의 성격이 있다. 이왕 싸우려면 잘 싸워야 한다. 따라서 논증을 '논쟁'으로 생각하고 이기려는 목적을 가지더라도, 상대방의 주장을 상대방의 의도대로 제대로 이해해야 한다. 그러다 보면 대화 참석자들이 서로 협력해 더 좋은 해결책을 찾는다는 논증의 '착한' 목적을 달성할 수 있게 된다. 실제로 상대방의 주장을 오해하지 않게 해석하는 것을 논리학에서 '자비로운 해석의 원리'라고 부른다. 자비를 베풀 때 논쟁에서 이긴다.

여자 화장실을 남자 화장실보다 1.5배 많이 만들어야 한다거나 대중교통에 장애인용 설비를 만들어야 한다고 하면 왜 그래야 하는지 자비롭게 이해하려고 하기보다 욕부터 하는 사람들이 있다. 반면에 고속도로 휴게실에서 여자 화장실 줄이 항상 길었던 모습을 떠올리거나, 장애인이 대중교통을 이용하기 얼마나 어려운지 자비롭게 이해하려는 사람들도 있다. 여자 화장실이 많아야 한다는 것은 건축학 교과서에도 실린 이론이고, 장애인의 대중교통 이동권은 법률로도 인정하는 기본권이다. 자비롭게 해석하지 않으면 결국 지고 만다.

허수아비를 이겨 봐야

상대방이 하지 않은 주장을 공격하는 잘못을 '허수아비 공격의 오류'라고 부른다. 논리학에서는 그냥 '허수아비의 오류'라고 말하는데 '허수아비를 공격한다'거나 '허수아비를 때린다'라고 말하면 좀 더 이해하기 쉬울 것 같다.

허수아비는 있으나 마나 한 존재를 가리키는 의미로 많이 쓰인다. 고려 무신 정권기의 왕이나 일본 막부 시대의 왕처럼 제구실하지 못하고 자리만 차지하고 있는 사람을 비유적으로 이르는 말이다. 이때는 허수아비보다 꼭두각시[괴뢰]가 더 적절한 표현 같아 보인다. 허수아비 공격의 오류라고 할 때 허수아비는 그런 의미보다 엉뚱한 공격 대상을 가리키는 의미로 쓰인다. 허수아비와 싸워서 넘어뜨려 봐야 무슨 소용이 있는가? 오히려 헛심만 써서 진짜 배기와 싸울 때 불리하기만 하다.

허수아비를 공격하는 이유는 위에서 말했듯이 상대방을 이기려는 마음이 앞서서 상대방의 주장을 오해하기 때문이다. 또는 의도적으로 상대방의 주장을 공격하기 쉽도록 약하게 만들기도 한다. 상대방의 주장을 누구나 반대하도록 상식이나 사회적 규범에 어긋나는 형태로 만드는 것이다. 이것은 야비한 방법인데 대중 선동에 많이 쓰인다.

허수아비 공격을 당한 입장에서는 참 답답하다. 나는 그런 주장을 하지 않았는데 그것 때문에 공격을 당하니 말이다. 그럴 때는 이렇게 말하면 된다. "허수아비를 공격하지 마세요."라고. '제 주장은 그런 의미가 아닌데요.'라는 뜻이다.

부부 싸움의 논리학

허수아비 공격의 오류는 일상생활에서 자주 저지른다. 엄마가 아이를 혼낼 때 "너는 언제나 이 모양이니."라고 말한다. 아무리 잘못을 많이 해도 '언제나' 그러겠는가? 그런 말을 들으면 "허수아비를 공격하지 마세요."라고 말하면 된다. 엄마한테? 엄마가 허수아비를 공격한 이유는, **제7장**에서 반례를 말할 때도 언급했지만, 감정이 격해져서 아이를 혼내기 쉬운 상태로 만들기 위해서이다. 이런 방법은 부부 싸움에서도 흔하게 볼 수 있다. 다음 대화를 보자.

> 남편: 이 국이 너무 싱거운데.
> 부인: 그럼 소금을 팍팍 넣어야겠어?
> 남편: 당신은 언제나 과장해서 말해.

남편이 국이 싱겁다고 했다고 해서 짜게 해 달라는 말은 아닐 것이다. 부인은 허수아비를 공격한다. 그런데 남편 역시 허수아비를 공격한다. 부인이 과장했지만 '언제나' 과장하겠는가? 허수아비를 공격하지 말라는 의도로 말했는데, 그 말 자체가 허수아비를 공격하고 있다. 허수아비 부부이다. (절대 내 이야기가 아니다.)

정치 토론에서도 역시 상대방의 주장을 누구나 반대하기 쉽게 만든다.

갑: 전 국토가 고속도로가 되고 있어요. 환경 보존을 위해서는 고
　　속도로 건설을 중단해야 합니다.

을: 그럼 어떻게 돌아다니란 말인가요? 말 타고 다니라는 말인가요?

　갑이 고속도로 건설을 중단하자고 해서 말 타고 다니자는 터무
니없는 말을 할까? 상대방 주장을 왜곡하여 허수아비를 공격하고
있다. 사실 허수아비 공격은 갑이 먼저 했다. 전 국토가 고속도로
가 되고 있다고 과장하고 있으니 말이다.

마약 복용 처벌의 논리학

술자리에서 토론함 직한 주제에서도 허수아비 공격은 단골이다.
마약 복용은 사회적으로 굉장히 민감한 주제이기도 하지만 현행법
으로도 불법이다. 그러다 보니 마약 복용을 강력히 처벌하자는 쪽
이나 처벌을 반대하는 쪽이나 허수아비 공격을 당하기 일쑤다.

갑: 언론에 온통 연예인의 마약 복용 뉴스뿐이야.

을: 연예인의 마약 복용은 특히나 더 강력히 단속해야 해. 청소년
　　들이 보고 배울 수 있잖아.

갑: 연예인은 생활도 불규칙하고 스트레스도 많으니 마약 복용의
　　유혹이 심할 거야. 우리나라 사람들은 연예인이 편한 것을 가
　　만히 두고 보지 못해. 연예인도 쾌락을 추구할 수 있잖아.

마약 복용을 처벌해야 한다고 주장한다고 해서 편한 것을 가만히 두고 보지 못하거나 쾌락 추구를 반대하는 것은 아니다. 정말로 그런 주장을 하는 사람이 있다면 그것은 반박하기 아주 쉽다. 허수아비 공격의 오류는 이렇게 상대방의 주장을 반박하기 쉽게 만들어 놓고 공격한다. 그래 봐야 뭐하겠는가? 상대방은 그런 주장을 하지 않았는데.

마약 복용 처벌을 찬성하는 쪽도 반대하는 쪽을 허수아비 공격하는 것은 마찬가지이다.

갑: 마약은 중독성이 심하지만 다른 사람에게 피해를 주지 않아. 남에게 피해를 주지 않았는데도 처벌하는 것은 국가가 국민의 사생활에 부당하게 간섭하는 거야. 자유주의 국가에서 그래도 돼?

을: 마약을 하는 것이 옳다는 말이야? 그런 말도 안 되는 소리가 어디 있어?

갑: 내가 언제 마약을 하는 것이 옳다고 말했어? 법적인 처벌에 대해 말하는 거야. 옳지 않은 일이라고 해서 다 처벌하지는 않잖아. 술만 마시고 게으르게 사는 것이 옳은 일은 아니지만 처벌하지는 않잖아?

을: 마약이 다른 사람에게 피해를 주지 않는다니, 마약의 심각성에 대해 전혀 모르고 있구만. 마약에 중독되면 다른 사람을 상하게 할 수 있고, 특히 가족에게 얼마나 심각한 피해를 주

는데.

갑: '다른 사람에게 피해를 주지 않는다'는 말은 그런 뜻이 아니야. 술에 취해서 깽판 치는 일이 많지만, 그 행동만 처벌하지 술 자체를 금지하지는 않잖아? 그리고 만날 술 마시고 게으르게 살면 가족이 얼마나 속 터지겠어? 그렇다고 해서 처벌하지는 않는데.

을: 그럼 너는 네 애가 마약을 해도 괜찮다는 거야?

갑: 여전히 내 말을 이해 못하네. 나는 우리 애한테 담배를 피우지 말라고 할 거야. 마찬가지로 마약을 하지 말라고 할 거고.

갑은 마약 복용한 자를 처벌하는 것을 반대하지 마약 복용이 옳다고 주장하는 것은 아니다. 또 마약 중독자가 가족에게 심각한 피해를 준다는 것도 모르는 바가 아니다. 그런데도 갑의 주장을 그렇게 해석하는 것은 역시 공격하기가 쉽기 때문이다. "네 애가 마약을 해도 괜찮다는 거야?"처럼 상대방의 가족을 끌어들이는 공격은 논쟁에서 자주 쓰인다. 가령 무슬림 난민을 받아들이자는 주장에 "좋으면 당신 딸이나 무슬림한테 시집보내라."라고 말한다. 그러나 이것은 법적인 규제와 개인의 선택은 별개의 문제라는 것을 이해하지 못하는 것이다.

한편 갑은 이 대화에서 이 책에서 이미 언급한 몇 가지 방법을 사용한다. 먼저 '옳다'나 '괜찮다'라는 말이 같은 뜻으로 쓰이지 않는다고 말한다(제11장을 보라). '옳다'와 '괜찮다'는 법적인 뜻과 윤

허수아비를 아무리 때려 봐야 헛심만 쓸 뿐이다. 그러다 보면 정작 진짜 상대를 만나면 지게 된다.
아재 개그 하나: "허수아비의 아들 이름은?" 정답: "허수."

리적인 뜻이 있다. 또 비일관성 지적의 방법을 사용한다(제8장을 보라).
마약 복용과 게으르게 사는 것은 옳지 않다는 점에서, 그리고 가족
에게 심각한 피해를 준다는 점에서 같은데 한쪽은 처벌하고 다른
쪽은 처벌하지 않는 비일관성이 그것이다. 을이 그런 갑을 다시 반
박하기 위해서는 그 둘이 근본적으로 다른 종류의 것임을 설득해
야 할 것이다.

허수아비라고 했는데 허수아비가 아닌……

허수아비를 공격하는 것이 잘못인 이유는 상대방은 그런 주장을
하지 않았기 때문이다. 그러나 상대방은 그런 주장을 직접 하지 않
았더라도 상대방의 주장으로부터 그런 주장이 도출된다면 허수아
비 공격이 아닐 수 있다. 허수아비를 때리는 것이 아니라 상대방을
제대로 때리는 것이다. 그럴 때는 허수아비를 공격한다고 하는 반
박 자체가 또다른 허수아비 공격이 될 수 있다. 상대방은 허수아비
를 공격하지 않았는데 허수아비를 공격한다고 반박했으니 말이다.
억울한 것은 상대방이다.

우리나라에서는 대북 지원 정책에 대한 논쟁이 정권이 바뀔 때
마다 치열하게 진행되었다. 그런 만큼 허수아비를 쉽게 만든다.

> 갑: 북한과는 대결보다는 협력해야 합니다.
> 을: 북한에 지원하는 돈은 모두 전쟁 준비에 쓰입니다. 대북 지원
> 을 중단해야 합니다.

갑: 그럼 북한과 전쟁을 하자는 말인가요?

을: 제가 언제 북한과 전쟁하자고 주장했나요? 지금 허수아비 공격하고 있는 거예요.

갑: 대북 지원은 전쟁을 막는 효과적인 정책입니다. 대북 지원을 중단하면 전쟁으로 이어질 가능성이 매우 큽니다.

을은 갑이 허수아비를 공격하고 있다고 반박한다. 대북 지원을 중단하라는 요구가 곧 전쟁하자는 말은 아니라고 말이다. 그러나 대북 지원이 전쟁을 막는 효과적인 정책이라는 것을 보여준다면, 대북 지원 중단은 곧 전쟁으로 이어질 가능성이 크다. 그러면 갑은 허수아비를 공격하지 않은 것이다. 억울한 것은 을이 아니라 갑이다. 갑의 주장이 옳다는 것은 아니다. 이후 대북 지원 중단과 전쟁 사이의 인과적 관계를 주제로 토론이 이루어질 것이다. 대북 지원 중단과 전쟁은 아무 관련이 없는 것이 아니다. 그럴 때는 이렇게 말하자. "당신이야말로 허수아비를 공격하지 마세요."

18

메시지로 공격이 안 되면
메신저를 공격하라

인신공격의 오류

논쟁에서 인신공격은 흔하다. '인신'은 사람의 신상이나 신분을 가리킨다. 그러니까 인신공격은 다른 사람의 개인적인 신상을 거론하며 그 사람의 발언을 비판하는 것을 말한다. 성별, 직업, 인종이나 과거의 행적을 근거로 하여 상대방의 주장을 비판하는 것이다.

인신공격은 많이 쓰이는 반박 방법이지만 '인신공격'이라는 말만 들어도 그리 정직한 반박 방법은 아닌 것 같다. 인신공격은 보통 '인신공격의 오류'라는 딱지가 붙어서 알려져 있다. 다른 사람의 주장을 공격해야지 그 주장을 한 사람을 공격하기 때문이다. 다음과 같은 논증을 보자.

▌ 아이도 없는 노처녀가 왜 유전학적 사실을 논하느냐?
▌ 흄은 인종 차별적 발언을 한 적이 있으므로 그의 철학은 가치가
　없다.

　살충제와 화학 약품이 자연에 끼치는 악영향을 고발한 레이첼 카슨의 『침묵의 봄』(1962)은 화학 회사와 미국 농무부로부터 맹비난을 받았다. 화학이나 환경학적 관점에서 그의 주장을 얼마든지 비판할 수 있지만, 카슨이 결혼하지 않고 아이가 없다는 사실이 주장과 무슨 관련이 있는가? 서양 근세 철학을 대표하는 철학자인 데이비드 흄은 저서에서 흑인에 대한 혐오 발언을 했다. 2020년에 '흑인의 생명은 소중하다' 운동이 일어나자 이런 발언들이 재조명되었다. 흄은 당시는 물론이고 지금도 많은 사람이 상식으로 받아들이는 자아, 인과, 외부 세계, 귀납, 신 따위를 철저하게 의심하여 철학사에 길이 남는다. 그의 혐오 발언이 자신의 주요 철학 이론에서 도출될 수밖에 없다고 비판한다면 모를까, 그게 아니라면 그 발언만 비판하면 되지 그의 철학 전체를 싸잡아 비판해도 될까?

인신공격하면 안 되는가?

위 보기들은 분명히 잘못된 반박 방법인 것 같다. 그런데 어떤 주장을 반박하면서 주장하는 사람의 신상을 거론하면 절대 안 될까? 인신공격은 '사람에게의 호소'라는 다른 이름이 있다. 한자어로는 '대인對人 논증'이라고 한다. 『표준국어대사전』에는 대인 논증 항목

카슨(Rachel Carson, 1907~1964)은 아이가 없는 노처녀라는 인신공격 외에 공산주의자라거나 비전문가라는 인신공격도 받았다. 그러나 그는 공산주의자도 아니며 (설령 공산주의자라도 비판 내용과 관련이 없지만) 해양 생물학자였기에 비전문가도 아니다. 흄(David Hume, 1711~1776)은 영국 스코틀랜드의 에든버러 출신 철학자이다. 인종주의에 반대하는 사람들은 에든버러에 있는 흄의 동상을 훼손했고, 흄의 이름을 딴 에든버러 대학의 건물 이름을 바꾸게 했다.

에서 이를 '오류적 논법'이라고 말하고 다음 보기를 든다.

▎ 그는 교육자이므로 그의 주장은 바르다.
▎ 그는 허풍쟁이이므로 그의 말은 믿을 수 없다.

첫 번째 보기부터 논란거리이다. 교육자라고 해서 바른 주장만 하는 것은 아닐 것이다. 그렇다며 오류이다. 반면에 **제15장**에서 말한 것처럼 교육자도 전문가이고 '바르게 교육하는 것'이 그 전문 영역이라면 교육자의 발언에 신뢰를 보낼 수 있지 않은가? 나도 교육자이긴 하지만 '바름'이 내 전문 영역인지 잘 모르겠다.

하지만 두 번째 보기는 분명히 오류가 아닌 것 같다. 허풍쟁이의 말이라면 일단 걸러 들어야 하는 것 아닌가? 양치기 소년이 비난받지 소년의 말을 듣지 않은 동네 사람들이 비난받지는 않지 않은가? 우리는 사기꾼의 말에 잘 속는 사람을 어리석다고 한다. 실제로 법정에서도 '신상'은 중요한 고려 요소가 된다. 가령 법관이 불공정한 재판을 할 사정이 있으면 기피 신청을 할 수 있다. 법관이 사건 당사자와 친한 관계라는 사정이 있을 때가 그렇다.

사람의 신상을 끌어들여 반박하는 경우도 있지만, 거꾸로 사람의 신상 때문에 신뢰하는 경우도 있다. **제15장**에서 전문가에게 의존하는 것은 합리적인 판단이라고 말한 것이 그것이다. 전문가의 주장이 옳은지 그른지 검토할 수 없는 비전문가는 그 주장의 내용을 보지 않고 전문가라는 사람이 주장했다는 이유 하나로 그 주장을 신뢰하는데 이것도 잘못이라는 말인가?

오류는 케바케

'인신공격'이라는 말 자체가 부정적인 의미가 들어 있기에 '인신공격'이라는 말을 쓰면서 합리적인 반박 방법이라고 말하기는 어렵다. '사람에게의 호소'나 '대인 논증'은 그런 부정적인 느낌이 없으니 그쪽을 쓰자. 사람에게의 호소는 논증을 하면서 사람, 곧 신상을 근거로 삼는다는 말이다. 신상을 근거로 삼으면 오류인가? 위 보기들에서 보듯이 오류라고 단정하는 것 자체가 또 하나의 오류이다. 오류일 때도 있고 아닐 때도 있다.

사례별로 살펴봐야 한다. 사람에게 호소해서 반박하려고 하는 주장이 주장한 '사람'과 상관이 없다고 해 보자. 다시 말해 누가 주장해도 상관없는 주장이라고 해 보자. 그러면 사람에게 호소하는 것은 잘못된 주장이다. 카슨의 고발이나 흄의 철학은 누가 주장했는지와는 무관하다. 사실 과학 교과서나 철학 교과서에서 그 주창자 이름을 빼고 또는 모르고 배워도 아무 상관 없다. 예술 작품도 창작자가 누군지와 상관 없이 평가해야 한다는 주장이 있는데.

인터넷에서 '임신공격은 삼가해 주세요'라는 글이 엄청난 조회 수를 올려 '임신공격'이라는 말이 인터넷 유행어가 되었다. 단순히 오타인지, 올바른 표기법을 몰라서 그랬는지, 그도 아니면 지어낸 말인지는 알 수 없는데, 인신공격과는 다른 뜻으로 쓰인다.

그게 아니라 그 주장을 한 사람이 누구인지에 관심을 보여야 할 때가 있다. '그는 허풍쟁이이므로 그의 말은 믿을 수 없다.'라고 주장할 때는 '그의 말'의 신뢰도를 문제 삼는 것이다. 이때는 허풍쟁이라는 사람과 떼어 놓고 생각할 수가 없다. 법관 기피 신청도 마찬가지이다. '법관'의 주장이 아니라 그 사람의 자격을 기피한 것이다. 그럴 때는 인신공격의 '오류'라고 말하기 어렵다. 한편 **제15장**에서 전문가의 말을 신뢰하는 이유는 전문가라는 사람을 보고 신뢰하는 것이 아니라 그 사람이 쌓아 놓은 지식과 그 사람이 속한 시스템의 신뢰도를 신뢰하는 것이라고 말했다. 그러니 엄격하게 말하면 사람에게 호소하는 것은 아니다.

법관은 판결로 말한다는 말이 있다. 기자는 기사로 말한다는 말도 있고. 따라서 법관에 대해 반박해서는 안 되고 판결에 대해 반박해야 한다. 그러나 법관 기피 신청은 법관의 판결이 아닌 그의 신상을 문제 삼은 것이다.

메신저의 자격

인신공격은 일상생활의 대화뿐만 아니라 정치판에서도 자주 쓰인다. 누군가가 국회의원에 출마하려고 하거나 장관 후보자가 되었다. 그 후보는 자신의 공약이나 계획을 내세운다. 사람들과 언론은 그것도 검증하지만, 그 사람의 과거 행적을 비롯한 신상을 샅샅이 훑는 데에 더 관심이 있다. 오류이기는커녕 당연히 해야 할 일이다. 오히려 우리 정치에서는 제대로 못해서 문제이다. 후보의 공약은 주장대로 검토해야 한다. 그러나 후보의 과거 행적이 이러이러하므로 공약이 틀렸다고 반박한다면 잘못이다. 그게 아니라 공약과 별개로 그 사람이 그런 자리에 올라갈 만한 자격이 있는지 검토하는 것은 꼭 해야 하는 작업이고 잘못이 아니다.

메시지(주장) 대신에 메신저(사람)를 공격하는 것은 야비한 반박 방법으로 인식된다. 그러나 모든 메신저 공격이 야비한 것은 아니다. 메시지로 공격이 안 되면 메신저를 공격하라. 단 그러니까 메시지가 틀렸다고 말해서는 안 된다. 그 사람의 자격만 문제 삼아야 한다.

너나 잘 하세요!

흔한 또 하나의 인신공격은 피장파장이다. 피장파장은 '너도 마찬가지.'라는 뜻이다. 어떤 주장을 펼친 사람의 행동이 그 주장과 모순됨을 비난할 때 피장파장이라고 한다. 피장파장을 가리키는 '내로남불'이라는 유행어도 굳이 풀이하지 않아도 누구나 아는 말이 되었다. 다음 대화를 보자. (제9장에서도 나온 대화이다.)

> (젊은이가 길바닥에 침을 퉤 뱉는다.)
> 할아버지: 젊은이, 길바닥에 침 뱉으면 쓰나?
> 젊은이: 할아버지는 길바닥에 침 뱉은 적 없어요?

젊은이는 피장파장이라고 말한 것이다. 좀 불량스러운 젊은이라면 "너나 잘 하세요."라고 말했을 것이다.

정치판에서도 피장파장은 아주 많이 쓰인다. 야당이 여당의 정책이나 행태를 비난하면 여당은 상대 당이 집권할 때도 그렇게 하지 않았느냐고 대꾸한다. "누가 누굴 검증하나?"라는 말도 많이 쓴다.

똥 묻은 개가 되지 말자

피장파장도 오류로 취급된다. 젊은이가 "할아버지는 길바닥에 침 뱉은 적 없어요?"라는 말을 무슨 의도로 했을까? '나는 잘못하지 않았어요.'라는 의도로 말했다면 분명히 오류이다. 설령 할아버지가 길바닥에 침을 뱉은 적이 있어도, 그것도 지금 찍 뱉으면서 그

피장파장을 가리키는 라틴어 'tu quoque'가 영어를 비롯한 구미어에서 그대로 쓰인다. '너도'라는 뜻이다. 'whataboutism'이라는 영어도 있다. '그러는 당신은?'을 뜻하는 'what about you?'에서 나온 말인데, 우리말로 '그쪽이야말로주의' 정도가 되겠다.

말을 하더라도, 젊은이가 길바닥에 침을 뱉는 행위가 옳게 되는 것은 아니다.

그러나 피장파장이라고 해서 언제나 오류인 것은 아니다. 상대방을 피장파장이나 내로남불이라고 비난하면서 내 행동이나 주장이 잘못되지 않았다는 의도로 말하는 것이 아니라, 똑같은 잘못을 한 적이 있는 당신은 그런 말을 할 자격이 없다는 취지로 말했다면 상황이 달라진다. 그것은 오히려 **제8장**에서 반박 방법으로 중요하게 다룬 비일관성을 지적하는 것이다. '당신은 나에게 그렇게 비판하면서 당신의 생각이나 행동은 반대로 하지 않는가? 그런 점에서 일관적이지 못한 사람이다.'라는 것은 훌륭한 반박 방법이다.

이런 식으로 피장파장을 말하는 것은 "똥 묻은 개 겨 묻은 개 나무란다."라는 속담처럼 남을 비난할 자격이 없다고 지적하는 것이다. 이것은 오류이거나 고약한 반박 방법은 아니다. 똥 묻은 개가 겨 묻은 개를 나무라면 말발이 안 서지 않겠는가?

그러므로 메시지로 공격이 안 되면 메신저를 공격하라. 피장파장이라고. 단 여기서도 그러므로 내 주장이나 행동이 틀린 것은 아니라고 주장해서는 안 된다. 상대방의 비난 자격만 문제 삼아야 한다.

19

토론 태도를
문제 삼아라

마법의 논증

앞 장에서 인신공격이나 피장파장이 훌륭한 반박 방법일 수 있다고 말했다. 그러나 걱정이다. 나야 그렇게 반박할 수 있다지만 상대방도 나에게 똑같이 반박하지 않겠는가? 툭하면 "당신은 그런 적 없어요?", "당신은 그렇게 깨끗한 사람이에요?"라고 말하면 어떻게 할까? 짜증이 나지 않겠는가? 세상에 흠결 없는 사람이 어디 있다고.

사람에게의 호소 논증 중 하나로 '우물에 독 풀기'라는 것이 있다. 다음 보기를 보자.

> 여: 군 가산점은 부활하면 안 돼. 군대 갔다 오지 않은 사람에게 너무 많은 불이익을 주는 제도야.
>
> 남: 너는 군대를 안 갔다 왔으니까 그렇게 말하지.

　남자는 여자의 말을 반박하면서 여자가 제기한 근거('군 가산점 제도는 군대 갔다 오지 않은 사람에게 너무 많은 불이익을 준다.')에 대해서는 아무런 언급도 하지 않고 있다. 그 대신에 상대방이 군대에 갔다 오지 않았음을 언급한다. 군대에 갔다 오지 않았으니 군 가산점 제도에 불공정한 발언을 할 수밖에 없고 그래서 신뢰할 수 없다는 뜻일 것이다. 이렇게 되면 여자처럼 군대 갔다 오지 않은 사람은 군 가산점 제도에 대해 아무 말도 못하게 된다. 무슨 말을 해도 "너는 군대를 안 갔다 왔으니까 그렇게 말하지."라고 말할 테니까.

　우물에 독을 타면 독을 탄 부분만 덜어내고 마실 수는 없다. 우물 물 전체를 못 마신다. '우물에 독 풀기'라는 이름이 붙은 이유는 그래서이다. 위 대화의 남자처럼 말하면 여자의 그 말만 반박하는 것이 아니라 무슨 말을 해도 반박하는 꼴이 되기 때문이다. 그래서 우물에 독 풀기는 '원천 봉쇄의 오류'라고도 불린다.

　무슨 말을 해도 반박이 되는 마법의 논증이라면 모두 배워 써먹어야 하는 것 아닐까? 그러나 당하는 처지에서 생각해 보라.

알바가 아니라고 하면?

우물에 독 풀기는 일상생활에서 흔하게 볼 수 있다. 노사 간의 토

우물에 독을 푸는 것은 전쟁 중 쓰는 방법의 하나였다. 모함하는 데도 쓰인다. 유럽에서 14세기에 흑사병이 돌 때는 유대인이, 20세기 초반의 일본 관동 대지진 때는 조선 사람이 우물에 독을 풀었다는 가짜 소문으로 학살당했다. 그림은 당시 유럽에서 유대인을 산 채로 화형시킬 정도로 광기 어린 대학살로 이어진 모습을 보여 준다.

론에서 노조원 측을 지지하면 "당신은 노조원이니까 그렇지."라고 말한다. 노조원이므로 노사 간 토론에 대해 하는 말은 불공평할 수밖에 없다는 거다. 이러면 어떤 주장도 못하게 된다. 복지 개혁을 두고 토론할 때 복지 지원을 줄여야 한다는 주장에, "너는 가난해 본 적이 없으니까 무슨 말을 하는지 모르는 거야."라고 말하면 어떻게 할까? 빈민이나 노동자를 도우려고 하는 사람에게 "너는 배운 사람이니까 우리를 이해 못해."라고 말하면 어떨까? 낙태 문제를 놓고 토론하는데 "너는 남자니까 한 마디도 거들면 안 돼."라고 말하면 속이 뒤집힌다.

인터넷 댓글에도 우물에 독 풀기는 많다. 의사 수를 놓고 토론을 벌일 때 의사 수가 충분하다는 주장에 "너 알바지?"라는 댓글이 달린다. 알바가 아니라고 하면 "알바가 알바라고 솔직하게 말하겠어?"라고 말한다. 그렇다고 해서 알바라고 인정할 수도 없다. 도대체 어떻게 대답해야 할까? (**제10장**에서 말한 복합 질문의 오류의 상황이기도 하다.)

제10장에서 말했지만 사상의 하나인 페미니즘이 우리 사회에서는 부정적인 의미가 담겨 쓰인다. 사정이 그렇다 보니 "너 페미지?"라는 질문은 "너 알바지?"와 같은 수준으로 우물에 독을 푸는 격이 되어 버렸다. 이 질문이 사상 검증의 의도가 있다는 것을 알기에 "응."이라고 대답할 수도 없다. 그렇다고 "아니."라고 대답하면 페미니스트가 정말로 아닌지 입증하라는 요구를 끊임없이 받게 된다. **제6장**에서 말했듯이 페미니스트가 잘못이라고 하더라도 페미니스트가 아님을 스스로 증명할 필요가 없는데, 페미니스트가 아닌 것을 스스로 입증해야 하는 답답한 상황이 된다. 독신을 요즘에는 '비혼'이라고 한다. 비혼주의라고 말하면 "그런 소리 하는 애들이 제일 빨리 하더라."나 "못한 건 아니고?"라고 말하는 것도 우물에 독 풀기이다.

"말 많으면 공산당"이라는 오래된 말이 있다. 냉전 시대가 아니니 최근에는 "내 말 안 들으면 전부 나쁜 놈"이라는 초등학생 수준의 말로 바뀌었다. 역시 상대방이 반박하려고만 해도 공산당이나 나쁜 놈이 돼 버리니, 원천을 봉쇄하는 반박 방법이다.

우물에 독이 아닌 꿀 풀기

진영 논리도 일종의 우물에 독 풀기이다. 진영 논리란 자신이 속한 편(진영)의 주장은 다른 이유 볼 것 없이 같은 편의 주장이니까 옳고, 남의 편의 주장은 다른 이유 볼 것 없이 다른 편의 주장이니까 틀렸다는 논리를 뜻한다. 남의 편이라는 이유로 무조건 틀린 말을 할 거라고 판단하니 그쪽 우물에 독을 푸는 격이다. 거꾸로 우리 편이라는 이유로 무조건 맞는 말을 할 거라고 판단하니, 이 경우에는 우물에 독 대신 꿀을 푼다고나 할까. '꿀 빨다'가 요즘 유행어이니.

'루이스의 법칙'이라는 인터넷의 최신 법칙이 있는데 이것도 우물에 독보다 꿀을 푸는 식이다. 영국의 언론인이자 작가인 헬렌 루이스가 붙인 이름으로, 페미니즘에 관한 어떤 댓글도 페미니즘을 정당화한다는 것이다. 페미니즘을 옹호하는 댓글은 당연히 페미니즘을 정당화한다. 거꾸로 페미니즘을 비판하는 댓글이 있다면, "이것 봐, 이래서 페미니즘이 필요한 거야."라고 반응한다. 무슨 말을 해도 반박한다는 점에서 우물에 독 풀기의 최신의 형태이다. 다만 자신에게 유리하게 해석한다는 점에서 우물에 독이 아닌 꿀을 푼다고 볼 수 있다. 그런 점에서 위에서 말한 "너 페미지?"와 반대의 상황이다.

반증 불가능한 알바

앞 장에서 보았듯이 인신공격이나 피장파장은, 사례에 따라 오류이기도 하고 아니기도 하다. 우물에 독 풀기는 물론이고 오류가 아닌 인신공격이나 피장파장이라고 해도 토론할 때 짜증나기는 마찬가지이다. 어떻게 반박해야 할까?

제4장에서 무슨 근거를 들이대도 끄떡없는 사람에게 쓰는 방법으로 반증 가능성을 말했다. 무슨 말을 해도 음모라거나 거짓말이라고 주장하는 사람에게는 "그러면 어떻게 해야 그 주장이 참말이 될 수 있을까요?"라고 물으라고 했다. 우물에 독 풀기를 펼쳐 보이는 사람에게도 똑같은 방법을 쓸 수 있다. 가령 "너 알바지?"라고 묻는 댓글에 알바라고 인정해도 알바고 알바가 아니라고 부인해도 알바라면, 내가 알바라는 주장은 반증 불가능한 지식이다. 그것은 무의미한 명제이다. 그러므로 "내가 어떻게 하면 알바가 아니라는 것을 믿을 건가요?"라고 물어라. 그러나 제4장에서도 말했지만 이 질문 자체를 이해시키는 것이 좀 어렵긴 하다.

생산적인 토론을 위해

피장파장이나 우물에 독 풀기에는 건설적인 논증을 방해한다고 반박하는 것이 훨씬 쉬운 반박 방식이다. 제2장에서 말한 적 있는 논증의 목적을 생각해 보자. 우리가 논증을 하는 이유는 대화 참석자들이 협력해서 더 좋은 해결책을 찾는 것이라고 말했다. 논증 참여자는 이 목적에 동의하기 때문에 함께 논증을 주고받는 것이다. 그렇지 않다면 협박이나 회유 따위의 방법을 쓰겠지.

논증의 목적에 동의하고 논증에 참여했다면 거기에 따라야 한다. 그러나 우물에 독 풀기는 건설적인 논증을 방해한다. 들머리의 보기를 보자. 남자는 여자의 말을 반박하면서 여자가 제기한 근거("군 가산점 제도는 군대 갔다 오지 않은 사람에게 너무 많은 불이익을 준다.")는 전혀 언급하지 않고 우물에 독만 타고 있다. 이것은 근거를 비판하거나 근거에서 주장이 도출되지 않는다고 비판하라는 반박의 가장 기본적인 원칙을 어기고 있다. 논증은 근거를 가지고 티키타카하는 것이다. 근거를 주거니 받거니 하면서 올바르지 못한 근거는 버리고 가장 좋은 근거를 찾아가는 생산적인 과정이다. 우물에 독 타기는 그런 목적에 어긋난다.

'티키타카Tiqui-Taca'는 본디는 탁구공이 왔다갔다하는 것을 가리키는 스페인어인데, 축구에서 선수들이 짧은 패스를 이어 가며 경기를 이끌어 가는 축구 전술을 이르는 말로 더 많이 쓰인다. 탁구나 축구에서뿐만 아니라 대화가 탁구공이나 축구공을 주고받듯 이어지는 것을 가리킬 때도 쓸 수 있겠다.

만약 남자의 "군대를 안 갔다 왔으니까 그렇게 말하지."라는 말이 허용된다고 해 보자. 그러면 여자도 똑같이 말할 것이다. "너는 군대를 갔다 왔으니까 군 가산점에 찬성하는 거지."라고. 노조원에게 "당신은 노조원이니까 그렇지."라고 말하면 노조원은 가만히 있겠는가? "당신은 회사 측이니까 회사 측 의견을 지지하는구만."이라고 말할 것이다. 이러면 군 가산점 제도에 대해 얻을 게 무엇이 있겠는가? 노사 협상에서 진척이 있겠는가? 전혀 없다. 그러니 누군가가 우물에 독을 풀면 토론 태도를 문제 삼아라. "그런 말은 생산적인 토론에 전혀 도움이 안 됩니다."라고.

꼬우면 떠나든가

'누칼협'이라는 신조어가 있다. 가령 누군가가 자신이 속한 직업이나 조직에 불만을 토로한다. 말단 공무원이 급여가 너무 적고 민원은 너무 심하다고 불평하는 것이 대표적 예이다. 그럴 때 '누칼협'이라는 댓글이 붙는다. '누가 칼 들고 협박했느냐?'의 약자로, 강제로 그 직업을 갖게 한 게 아닌데 그렇게 불만이면 그만두라는 조롱이다. 잘 알려진 것은 아니지만 논리학에도 이것을 가리키는 이름이 있다. 라틴어로 'Ergo Decedo'라고 하는데 우리말로 '그러면 떠나라.'라는 뜻이다. 영화나 소설 같은 예술 작품을 비판했더니 "그러면 네가 써 보든가."나 "그렇게 싫으면 보지 말든가."라고 대거리한다. 이것도 누칼협과 같은 종류이다.

　누칼협도 생산적인 토론을 막는다는 점에서 적절하지 못한 토론 태도이다. 이 말이 타당하다면 자신이 속한 직업이나 조직에 어떤 이의 제기도 못 하게 된다. 구성원의 의견을 묵살하는 데 쓰일 수 있고, 내부 고발도 억누르게 된다. 꼭 조직에 대한 이의 제기가 아니더라도 "누가 못하게 했느냐."라는 식의 반론은 흔하다. 학교 폭력 피해자에게 "그럼 싸움을 잘 하든가."라고 하고, 군대에서 가혹 행위를 당한 병사에게 "그럼 소원 수리를 하든가."라고 하고, 극빈층의 노인에게 "젊었을 때 열심히 벌든가."라고 빈정대는 것이 그

'그러면 떠나라.'라는 뜻의 라틴어 'Ergo Decedo'는 좀 속된 표현이지만 '꼬우면 떠나든가.'가 뉘앙스로 봤을 때 적절하다. "절이 싫으면 중이 떠나라."라는 속담도 안성맞춤이다.

런 사례이다. 구조적인 문제를 개인의 행동에 원인을 돌림으로써 토론을 막는다.

주의할 것은 누칼협의 형식이지만 토론을 방해하지 않는 사례도 있다는 점이다. "제가 감옥에 가면 우리 가족은 누가 돌보나요?"라고 말하는 피고인에게 "그러기에 나쁜 짓을 하지 말아야지."라고 말하는 것이 그런 사례이다. 이것은 "그러면 떠나라."라고 더이상 발언을 못하게 막는 말이 아니다. 피고인이 한 행동과 감옥 가는 것 사이에 인과 관계가 있음을 밝히는 토론 과정이기 때문이다.

현안에 집중하자

앞 장에서 말한 피장파장은 좀 조심스럽다. 상대방의 비일관성을 지적하는 것은 오류가 아니라고 말했기 때문이다.

> 아버지: 담배는 몸에 안 좋아. 피우지 마라.
> 아들: 아빠도 피우시잖아요?

아들은 피장파장 논증을 쓰고 있다. **앞** 장에서 말한 피장파장 논법에 따르면 아들이 '그러니까 내가 담배 피우는 것은 문제가 안 된다.'라는 의도라면 오류이지만, 반면에 '아빠도 담배를 피우시니 저를 비판할 자격이 없어요.'라는 의도라면 오류가 아니라고 말했다. 만약 후자라면 아빠는 재반박하기 어렵다. 그럴 때는 솔직하게 인정하자. 아빠가 일관적이지 못해서, 위선적이어서 잘못했다고.

그리고 지금은 아들이 담배 피우는 것이 옳은지가 논점이므로 그 문제에 집중하자고 말하라. 그런데 거기에 대고 아빠의 자격을 거론하는 아들의 토론 태도는 문제가 있다. 현안은 아들의 흡연인데 아빠의 과거 행적을 거론하는 것은 생산적인 토론을 방해하기 때문이다.

제9장에서 물귀신 작전을 말하면서 여성 인권을 거론하면 왜 성 소수자 인권에는 눈을 감느냐고 비판한다는 예를 들었다. 그때도 말했지만 이것은 논점 흐리기이다. 특정 문제를 토론하고 있는데 다른 문제를 거론하는 것은 논점을 흐리게 하고 논쟁을 소모적으로 만든다. 그럴 때도 토론 태도를 문제 삼아라. 그 문제도 중요하지만 지금은 이 문제가 논점이니 여기에 집중하자고.

잘못된 유비라고
지적하라

비유의 천재, 예수

예수의 설교에는 수많은 비유가 나온다. 세상의 소금과 빛이 되라는 말은 유명하다. 새 포도주는 새 부대에 담으라는 말도 잘 알려져 있다. "부자가 하느님 나라에 들어가는 것보다 낙타가 바늘귀를 빠져나가는 것이 더 쉬울 것이다."라고도 했다. 소금, 포도주, 낙타. 당시 예수가 살던 지역에서 흔한 것들이다. 예수가 이런 것들을 비유로 써서 설교한 이유는 분명하다. 많이

낙타가 바늘귀를 빠져나가는 것은 어려운 게 아니라 불가능하다. 이 비유대로라면 부자가 천국에 가는 것은 아예 불가능하니, 예수의 저 말이 오역이라는 주장이 제기되었다. 당시 유대인이 쓰던 아람어의 원어 'gamta(밧줄)'를 'gamla(낙타)'와 혼동하였기 때문이라나. 밧줄이라고 해서 바늘귀를 빠져나갈 수는 없지. 예수는 부자도 천국에 갈 수 있다고 말했다. 다만 다 남에게 주고 오라고 했다.

배우지 못한 대중들을 상대로 설교를 했기 때문이다. 낙타가 바늘 귀를 빠져나가기가 더 쉽다니, 부자가 하느님 나라에 들어가는 것은 정말 어렵겠구나, 라고 귀에 쏙쏙 박힐 것이다.

비유는 어떤 현상이나 사물을 직접 설명하지 않고 다른 비슷한 현상이나 사물에 빗대어서 설명하는 일이다. 예수가 든 보기들에서 보듯이 어떤 현상이나 사물을 직접 설명하면 어려우므로 훨씬 친근한 다른 비슷한 현상이나 사물에 빗대어서 설명하는 것이다. 수사학에서 쓰는 용어로 말해 보면 애초에 설명하려는 대상을 '원관념', 친근한 비슷한 현상이나 사물을 '보조 관념'이라고 부른다. '부자가 하느님 나라에 들어가는 것'이 원관념, '낙타가 바늘귀를 빠져나가는 것'은 보조 관념 되겠다.

비유를 사용하면 자신의 의도를 효과적으로 전달할 수도 있고 멋있게 표현할 수도 있다. 그런 점에서 비유는 일상생활이나 문학 작품에서 수사법적 방법으로 흔하게 쓴다.

인간과 비슷한 쥐

비유는 논증에서도 흔하게 쓰인다. 자신의 주장을 펼치면서 비유를 근거로 사용하는 것이다. '비유'와 글자 순서만 바꾼 것 같은데, 논증에서는 '비유' 대신에 '유비'라는 말을 쓴다. '유비 논증'이라고도 하고 '유비 추론'이라고도 한다. '유비 추론'을 줄여 '유추'라고도 한다.

유비 논증의 구조를 좀더 자세하게 말하면 이렇다. 두 사물이나 현상이 여러 면에서 비슷하다. 그것을 근거로 그 둘이 다른 면에서도 비슷할 것이라고 추론하는 것이다. 신약을 개발하기 위해서는 동물 실험을 거치는데, 동물 실험의 유효성을 주장할 때 유비 논증이 대표적으로 활용된다. 인간과 실험동물 사이에는 비슷한 점이 많다. 실험동물로 가장 많이 사용하는 쥐는 인간과 생리학적으로 비슷하다. 그러므로 이 신약이 쥐에게 약효가 있다면 인간에게도 약효가 있을 것이라고 추론하는 것이다. 수사학적 용어로 말해 보면 실험동물에게 약효가 있다는 게 보조 관념이고 인간에게 약효가 있다는 것이 원관념이 될 것이다.

> 실험동물로 많이 쓰이는 쥐는 정확하게는 마우스 mouse와 래트rat이다. 마우스는 작은 생쥐를, 래트는 큰 집쥐를 실험용으로 길들인 것이다.

유비 논증은 비교되는 두 사물이나 현상이 비슷한 점이 많으면 많을수록 설득력이 있다. 쥐로 실험하는 것보다 침팬지를 비롯한 인간 아닌 영장류로 실험하면 더 성공적일 것이다. 영장류 중 인간과 가장 가까운 보노보와 인간의 유전적 차이는 아프리카코끼리와 인도코끼리의 차이보다도 작다고 한다. 같은 인간에게 실험하면 실험 효과가 가장 좋을 것이다. 그러나 인간은 물론이고 인간 아닌 영장류를 실험 대상으로 삼는 것은 윤리적 문제가 생긴다.

판례를 인용하는 것이 사실 유비 논증이다. 과거에 있었던 사건과 지금 재판 중인 사건이 아주 유사하니 이 사건에도 판례의 판결을 따르겠다는 주장이기 때문이다. 역사를 배우는 것도 크게 보면 유비 논증이다. 역사적 사건에서 이러저러한 교훈을 배울 수 있으니 그것과 비슷한 이 사건에도 그 교훈을 적용해야 한다는 것이다. 독일의 수상 비스마르크는 "어리석은 자는 경험에서 배우고 지혜로운 자는 역사에서 배운다."라는 말을 했다. **제12장**에서 말했듯이 경험에 근거한 논증은 성급한 일반화의 오류를 저지르기 쉽다. 반면에 역사에 근거한 논증은 현재와 비슷한 점이 많을수록 개연성이 높은 유비 논증이 된다.

잘못된 유비

사정이 이러하니 유비 논증을 반박하기 위해서는 비교하는 두 사물이나 현상이 비슷하지 않다는 점을 지적하면 된다. 인간과 쥐가 생리학적으로 완전히 똑같지는 않다. 중요한 차이점이 있을 수 있을 텐데, 바로 그 차이점 때문에 쥐에게는 약효가 있는데 인간에게는 약효가 없을 수 있다. 거꾸로 쥐에게는 약효가 없는데 인간에게는 약효가 있을 수도 있고. 동물 실험의 역사에는 그런 이유 때문에 생긴 흑역사, 곧 불행한 역사가 많다.

세상의 모든 사물이나 현상은 비슷하게 보면 다 비슷하다. 사람과 쥐만 비슷한가? 사람과 파리도 비슷하다. 살아 있다는 점에서. 사람과 바람도 비슷하다. '람'으로 끝난다는 점에서. 따라서 그냥 비슷하기만 하면 안 되고, 지금 논의되고 있는 쟁점, 곧 약효가 같음을 보장해 주는 생리학적 구조에서 비슷해야 한다. 파리나 바람이 인간과 비슷한 게 있다고 해도 그것들이 아닌 쥐를 실험 대상으로 삼는 이유는 이 점 때문이다.

그러기에 누군가가 유비를 사용하여 논증하면 비교하는 두 사물이나 현상이 정말로 비슷한지 곰곰이 생각해야 한다. 그리고 그 비슷한 점이 지금 논의되고 있는 바로 그 쟁점과 관련해서 비슷해야 한다. 그렇지 않다면 지적하라. 잘못된 유비라고.

예수급 박근혜의 비유

잘못된 유비를 하는 이유는 크게 두 가지이다. 첫째는 비교하려고 하는 대상을 제대로 이해 못 했기 때문이다. 박근혜 전 대통령은 특유한 화법 때문에 '박근혜 화법'이라는 말까지 생겼다. 무슨 말을 하는지 이해할 수 없는 알맹이 없는 말들을 수식어로 포장하는 화법이다. 박 전 대통령은 비유도 참 많이 썼다. 당시 정부는 '박근혜 어록집'이 아니라 '박근혜 비유집'을 냈을 정도이다. (정확한 제목은 『사람 나고 법 났지, 법 나고 사람 났나요: 정책을 만드는 대통령의 비유』[2016]이다.) 중소기업의 애로사항을 해결하는 정부의 역할을 "손톱 밑 가시를 뺀다"고 비유하거나, 부동산 3법이 늑장 처리돼 우리 경제가 "불어 터진 국수"가 되었다고 비유한 것이 그런 예다. 설득으로 보면 가히 예수급이다.

그러다 보니 잘못된 비유도 생긴다. 박 전 대통령은 2015년에 다음과 같은 말을 했다.

누에가 나비가 되어 힘차게 날기 위해서는 누에고치라는 두꺼운 외투를 힘들게 뚫고 나와야 하듯이 각 부처가 열심히 노력하면

┃ 불가능하다고 생각되는 것도 이룰 수 있다.

아마 박 전 대통령은 누에를 기른 적이 없거나 누에치기하는 것을 지켜본 적도 없는 모양이다. 누에치기는 고치를 풀어 비단실을 얻는 것이 목적이기 때문에 애벌레인 누에가 고치를 만들고 번데기가 되면 뜨거운 물에 삶는다. 그리고 설령 살아서 우화羽化를 한다고 하더라도 나비가 아니라 나방이다.

비유를 이런 식으로 반박하는 것은 약간 말꼬리 잡기 같다. 그러나 공무원들에게 복지부동하지 말고 열심히 일하라는 취지의 주장에서 '타성을 뚫고 나온다'는 것은 지금 논의되고 있는 쟁점에서 본질적인 면이므로 말꼬리 잡기 수준은 아니다. 누에 치는 것을 본 적 있는 공무원이라면 내가 번데기로 삶아지는 것은 아닌가 하는 우려를 할 수도 있기 때문이다.

또다른 보기를 들면 같은 해에 "물 반 고기 반처럼 정책 반 홍보 반."이라는 비유도 했다. (박 전 대통령에게 미안하지만 비유를 많이 하다 보니 잘못된 비유도 하는 것이다. 예수의 비유에도 잘못을 찾기는 쉽다.) '물 반 고기 반'은 고기가 많다는 것을 강조할 때 쓰는 말이다. 어부나 낚시꾼에게는 고기가 중요하지 물이 중요하겠는가? 이 비유대로라면 정책보다 홍보가 중요하다는 말이 되는데 그런 의도는 아닐 것이다. 음악인 박진영 씨가 자주 한 말로 유명해진 "공기 반 소리 반"이라는 말이 있다. 공기와 소리가 모두 중요한 발성법임을 강조하는 말이다. '물 반 고기 반' 대신에 이 비유를 쓰는 게 더 정확해 보인다. 그러나 비유의 목적은 사람들에게 친숙한 것에 빗대서 자신의 주장을 하는 것이다. '공기 반 소리 반'은 대중들에게 그리 친숙하지도 않을 뿐만 아니라 좋은 발성법인지도 논란이 된다고 한다.

어쨌든 누에나 '물 반 고기 반'의 예는 비교하려는 대상을 잘못 이해했기에 잘못된 비유가 되었다. 그럴 때는 잘못된 유비라고 말하라. 좀 어려운 말로는 보조 관념을 잘못 이해했다고 말하라. 상대방은 무식이 탄로 나서 좀 창피해할 것이다. (**제2장**과 **제17장**에서 말한 논증의 목적을 생각해 보면 상대방을 창피하게 만드는 것이 꼭 성공적인 논증이 아니긴 하다. 따라서 "이것도 몰라?"라는 식보다는 "이렇게 말씀하셨지만 저런 면도 있어요."라고 공손하게 지적해야 한다.)

배 비유 대회

잘못된 비유를 하는 두 번째 이유는 비교하려는 대상, 그러니까 보조 관념은 잘 이해했다고 해도, 보조 관념과 원관념 사이에 본질적으로 다른 점이 있는 것을 이해하지 못했기 때문이다. 어떤 조직을 배에 비유할 때가 많다. 어느 정당의 핵심 간부가 2023년에 다음과 같이 말했다.

> 배에 구멍을 내 침몰하게 하는 승객은 승선하지 못한다.

당 내부에서 비판하는 사람들을 가리켜 한 말이다. 이러저러한 비판이 쏟아져 나왔다. "나는 잠시 머물다 가는 승객이라고 생각해 본 적이 없다."라거나 "예전에 구멍을 뚫었던 사람이 인제 와서 배를 운전한다."라거나 "배가 침몰하면 선장이 책임져야 하는 것 아닌가?"라거나 "이미 난파선이다."라는 백가쟁명식 토론이 벌어졌다. 여기에 또 좋은 비유라거나 그런 의도가 아니라는 재반박이 이어졌다. 비교적 쉬운 비유이니 다들 한마디씩 하는 것이다. 배에 구멍이 나면 배가 침몰한다는 보조 관념은 사실에 부합한다. 문제는 그 보조 관념과 내부 총질이 있으면 조직이 망한다는 원관념이 과연 비슷한지 따져 보아야 한다.

2019년에 〈검색어를 입력하세요 WWW〉라는 특이한 제목의 드라마가 있었다. (줄여서 '검블유'라고 불렀다.) 거기에 다음과 같은 대사가 나온다.

> 우리 집 담벼락에 '차현 또라이'라고 누가 적어 놨어요. 그 낙서 때문에 차현 본부장이 정신적 피해를 봤다 칩시다. 그런데 제가 그 담벼락을 세웠다는 이유로 법적인 책임을 져야 합니까? 포털은 공간을 제공했습니다. 사용자의 잘못까지 일일이 포털이 책임 질 순 없어요.

배 비유보다는 좀 어렵다. 원관념은 포털이고 보조 관념은 담벼락이다. 담벼락에 누군가가 낙서한다고 해서 담벼락을 세운 사람이 책임질 수 없듯이 포털에 악플을 단 것을 포털이 책임질 수 없다는 비유이다. 지금 논의되는 논점과 관련해서 담벼락과 포털의 공통점과 차이점에 주목해야 한다. 현안은 누군가가 악플을 달았을 때 공간 제공자가 책임질 수 있느냐는 것이다. 담벼락은 애초에 의견 제시 용도가 아니다. 담벼락을 세운 사람은 그것을 예측할 수 없었고, 그러니 책임을 묻기는 어렵다. 반면에 게시판 기능은 포털의 중요한 기능 중 하나이다. 악플이 달릴 것이 충분히 예측 가능하고, 그러니 포털 관리자는 그것에 책임이 없다고 보기 어렵다. (악플도 표현의 자유 아니냐는 반문이 가능하지만 그것은 지금 논점과 관련이 없다.) '정문'이라는 뜻의 포털을 담벼락에 비유한 것이 재미있기는 하지만 잘못된 비유이다.

배 비유도 그렇고 담벼락 비유도 그렇고 보조 관념의 이해는 틀리지 않았다. 다만 그것과 원관념이 중요한 점에서 차이가 난다. 그럴 때도 지적하라. 유비가 잘못되었다고. 좀 어려운 말로는 원관념과 보조 관념이 본질적으로 다르다고.

흔한 반박 방법은 아니나 비유를 똑같이 맞받아치는 반박도 가능하다. **제8장**에서 설명한 비일관성 지적 방법이다. 동물 실험을 옹호할 때 동물이 인간과 생리적으로 비슷하다는 점을 들었다. 그렇게 비슷하면 인간이 실험을 당할 때 고통을 느끼듯이 실험동물도 고통을 느낄 것이다. 왜 똑같이 고통을 느끼는데 인간에게는 실험하면 안 되고 동물에게는 실험해도 되는가? 동물 실험을 옹호하는 바로 그 유비 논증을 동물 실험을 반대할 때도 써먹는 것이다.

21

흑백 논리 좀
그만 펼치라고 말하라

흑과 백만 있는 세상

'흑백 논리'라는 말은 언론에 자주 나온다. 한국 정치의 고질병은
흑백 논리라거나 흑백 논리를 넘어서야 한다는 뉴스가 심심찮게
실린다. '이분법적 사고', '진영 논리', '편 가르기'도 '흑백 논리'와
자주 같이 쓰이는 말이다. 그런데 그렇게 또 쉬운 말도 아닌가
보다. 예능 형식으로 고민 상담해 주는 어느 티브이 프로그램에
다음과 같은 하소연이 나온 것을 보면 말이다.

> 하루 종일 흑백 논리 펼치는 여자친구에게 헤어질 때쯤에 "오늘
> 하루 종일 흑백 논리 펼치고 있다."라고 하니까, "흑백 논리가 뭐
> 냐?"고 하더라. 정이 안 떨어지고 배기겠냐?

흑백 논리는 글자 그대로 이 세상에 흑과 백만 있다고 생각하는 잘못을 말한다. 이 세상에는 흑과 백뿐이 아니라 노랑, 빨강, 파랑 등 수많은 빛깔이 있다. 따라서 검은색이 아니라고 해서 흰색이 되는 것은 아니다. 빨간색일 수도 있고 파란색일 수도 있다. 그런데도 검은색이 아니니 흰색일 것이라고 판단하는 잘못을 흑백 논리라고 부른다.

흑백 논리는 좀 어려운 논리학 개념으로 말해 보면 '반대 관계'를 '모순 관계'로 혼동하는 것이다. **제8장**에서 이미 말했지만 다시 말해 보면, 두 진술 사이에서 둘 다 옳을 수는 없지만 둘 다 그를 수 있는 관계일 때 '반대 관계'라고 부른다. '지금 이곳의 날씨는 춥다.'와 '지금 이곳의 날씨는 덥다.'가 그런 관계이다. 지금 이곳이 춥지도 덥지도 않다면 둘 다 옳을 수는 없으니까. 반면에 두 진술 사이에서 한 진술이 옳으면 다른 진술이 그를 수밖에 없고, 또 한 진술이 그르면 다른 진술이 옳을 수밖에 없는 관계를 '모순 관계'라고 부른다. '지금 이곳에 비가 오고 있다.'와 '지금 이곳에 비가 오고 있지 않다.'가 그런 예이다. 흑백 논리는 실은 반대 관계인데 모순 관계로 착각할 때, 그러니까 지금 이곳의 날씨가 춥지 않다고 하니 그럼 덥겠다고 말할 때 생긴다. 춥지도 않고 덥지도 않은, 『골디락스와 곰 세 마리』 동화에서 금발머리 소녀 골디락스가 말한 적당한 날씨가 얼마든지 가능하다. '반대 관계'와 '모순 관계'로 말하니까 좀 어려운가? 일단은 빛깔로 이해하자.

빛깔처럼 이 세상에는 내가 알고 있는 것 외에도 굉장히 다양한

『골디락스와 곰 세 마리』에서 금발머리 소녀 골디락스는 주인이 없는 오두막집의 식탁에 죽 세 그릇이 있는 것을 발견한다. 첫 번째 죽은 뜨겁고 두 번째 죽은 차가운데, 세 번째 죽을 먹어 보고 "뜨겁지도 않고 차갑지도 않고 적당하네."라고 말하고 다 먹어 버린다. 이 이야기에서 양 극단이 아닌 적절한 중간을 가리킬 때 '골디락스'라는 말이 나왔다. '골디락스 가격'이나 '골디락스 존(생명체가 살 만한 행성)'이 그런 예이다.

일들이 있다. 그런데도 내가 생각하는 것 말고는 한 가지만 있고 그것은 옳지 않다고 생각하는 것이 전형적인 흑백 논리이다. 주말에 놀러 가자고 하는데 안 나오겠다는 친구에게 이렇게 말한다.

우리 놀러 갈 건데 너 지겹게 집에 있을래?

이렇게 말하는 친구의 세계관은 '밖에서 즐겁게 노는 것'과 '지겹게 집에 처박혀 있는 것' 두 가지만 있다. 그러나 집에 있는 것이 왜 지겹기만 하겠는가? (그래서 흑백 논리는 **제17장**에서 말한 '허수아비 공격의 오류'를 같이 저지르기도 한다.) 집에서 맛있는 요리를 하는 것도 가능하고 집에서 재미있게 넷플릭스를 보는 것도 가능하다. 그러니 누가 저렇게 말하면 이렇게 말하라. "그건 흑백 논리예요."

영화 〈1987〉(2017)에서 이연희(김태리 분)의 "그런다고 세상이 바뀌어요?"라는 대사는 유명하다. 당시의 이연희에게 민주화 시위는 바뀌는 것 아니면 안 바뀌는 것의 두 가지만 가능한 것으로 보였다. 조금씩 바뀌는 것도 가능하다. 영화에서는 이연희 스스로가 바뀐다.

인터넷 커뮤니티에는 두 가지를 비교해서 어느 쪽을 선택할지 묻는 게시물이 많다. 이를 '밸런스 게임'이나 'VS 놀이'라고 한다. 그러나 왜 꼭 그 두 가지 중에서만 선택해야 하는지 납득하기 어려운 게 많다. 그건 흑백 논리라고 지적하면 웃자고 하는 말에 죽자고 덤벼드는 꼴이 될까?

"맞고 할래, 그냥 할래?"

"맞고 할래, 그냥 할래?"가 흑백 논리를 잘 드러내는 말이다. 흑백 논리는 맞고 하는 것과 안 맞고 하는 것의 양자택일만 강요한다. 그러나 맞지도 않고 하지도 않는 제3의 선택지도 가능하다.

두 가지 선택지만이 있다고 생각하는 까닭은 여러 가지 선택지가 있다고 생각할 때보다 단순하고 편리하기 때문이다. 컴퓨터가 인간의 사고와 견줄 수 없이 빠르게 계산할 수 있는 것은 0과 1의 이진법으로 정보를 처리하기 때문인 것과 같다. 특히나 흑백 논리의 두 가지 선택지는 선과 악이나 '좋다'와 '나쁘다'나 성공과 실패처럼 극과 극인 정반대의 것이니, 자신의 입장이 유일한 대안인 것처럼 정당화하기가 아주 쉽다. 다양한 견해보다는 극과 극의 극단적 입장이 사람들 눈에 잘 띈다. 자신의 경험만으로 판단하는 성향이 있는 사람들은 세상의 다양성을 인지하지 못하고 흑백 논리에 넘어가고 만다. 그러나 인간은 컴퓨터처럼 빠르게 계산할 수는 없어도 컴퓨터와 달리 다양한 여러 맥락을 숙고하는 능력이 있다. 세상을 이분법적으로 보지 않는 것은 컴퓨터가 못하는 일을 할 수 있는 경쟁력이지 않을까?

우리 편 아니면 나쁜 놈

흑백 논리는 정치판에서 많이 쓰인다. 자신 또는 자신이 속한 정당을 지지해 달라고 말하면서 상대방은 악으로 묘사한다.

양자택일만을 강요하는 흑백 논리는 "'이것이냐 저것이냐'의 오류either-or fallacy'라고도 부른다. 『이것이냐 저것이냐』(1843)는 실존주의 철학자 키르케고르의 책 제목이기도 하다. 쾌락적 세계관과 윤리적 세계관의 대립을 보여 주는 책이다. 혹시 두 세계관이 양자택일이 아닌데 그런 것처럼 주장한다면 흑백 논리가 될 것이다.

> 이번 선거에서 여러분은 미래를 책임지고 경제 번영을 가져올 우리 후보를 지지하겠습니까, 아니면 경제를 후퇴시키고 사사건건 발목잡기만 하는 저 후보를 지지하겠습니까? 선택은 간단합니다. 번영하는 미래를 위해 우리 후보를 지지하든지, 아니면 저 후보를 찍어서 나라를 망하게 하든지.

역시 흑백 논리답게 '우리 후보'는 선이고 '저 후보'는 악이라고 극단화하고 있다. 미래를 책임진다는 '우리 후보'와 달리 '저 후보'는 사사건건 발목잡기만 한다는 것은 허수아비 공격의 오류이기도 하다. '저 후보'는 꼭 악마이기만 한 것이 아니다. 다양한 스펙트럼의 '저 후보'가 가능하다. '우리 후보'도 장밋빛 미래만 있는 것이 아니다. 여러 가지 버전의 '우리 후보'가 가능하다. 설령 '저 후보'가 정말로 사사건건 발목잡기만 하는 게 맞기에 허수아비 공격이 아니라고 해 보자. 그렇다고 해서 왜 꼭 '우리 후보'만 지지해야 하는가? 제3의 후보도 얼마든지 지지할 수 있다. 저렇게 주장하는 정치인에게는 "그건 흑백 논리인데요."라고 말하라.

'우리 편 아니면 나쁜 놈'식의 생각은 꼭 정치가 아니더라도 나와 이념이나 종교가 다를 때 흔히 갖는 생각이다. 나와 다르다고 해서 무조건 나쁜 사람이 아니라 약간 나쁜 사람, 약간 좋은 사람, 아주 좋은 사람일 수 있고, 나와 같은 편도 무조건 좋은 사람만 있는 것이 아니라, 약간 좋은 사람, 약간 나쁜 사람, 많이 나쁜 사람이 있을 수 있다.

자신의 제품을 추켜세우기 위해 타사 제품을 깎아 내리는 비교 광고도 흑백 논리이다.

> 오븐에 익혀 기름기가 잘잘 흐르는 피자를 먹겠습니까, 프라이팬에 익혀 기름이 뚝뚝 떨어지는 피자를 먹겠습니까?

이 광고 문안은 1996년에 실제로 있던 광고를 약간 바꾼 문구이다. 광고 효과를 위해 우리 제품을 치켜세우고 상대방 제품을 깎아내린 애교로 보아 넘기면 될까? 광고를 만드는 사람은 그런 효과를 노렸겠지만, 소비자는 비판적으로 받아들여야 한다.

대립한다고 생각하는 게 동시에 성립할 수도 있지 않을지 (이럴 때 '양립 가능하다'고 말한다.) 생각해 봐야 한다. 교권 추락이 학생 인권 조례 때문이라는 주장이 많다. 학생 인권 조례가 없어지면 교권이 부활한다고 생각하는 것이다. 그러나 학생 인권과 교권은 동시에 얻을 수 없는 것인가? 교도소에서 검정고시나 수능 공부를 시킨다고 하면 수용자는 교화의 대상이지 무슨 교육을 시키느냐는 반응이 많다. 그러나 교육이 곧 교화일 수도 있지 않은가? 내가 옳다고 생각하는 것 말고는 틀렸다는 생각이 전형적인 흑백 논리이다.

무지갯빛 세상

이 세상에는 두 가지 선택지만 있는 것이 아니다. 제3, 제4, ……의 선택지가 가능하다. 설령 두 선택지만 있다고 하더라도 그 선택지 안에서 다양한 변주가 가능하다. 흑백 논리는 그것을 무시한다. 연극배우가 꿈인 젊은이에게 충고랍시고 이렇게 말한다.

▌ 안정적인 의사가 될래, 배곯는 배우가 될래.

왜 이 세상에 안정적인 의사와 배곯는 배우만 있겠는가? 안정적이지만 인생이 재미없는 의사, 풍족하지는 않지만 그냥저냥 사는 배우, 배는 곯지만 내가 하고 싶은 일을 한다는 자부심을 가진 배우 등 다양한 변주가 가능하다. 그런데도 안정적인 의사와 배곯는 배우로 미래를 양극화하는 것은 이 세상을 '성공 아니면 실패'로 보는 흑백 논리이다. 그럴 때는 이렇게 말하라. "그건 흑백 논리인데요."

이분법적 사고를 버리라고 하면서 '다르다'는 '틀리다'가 아니라는 말을 자주 한다. 그래서 "내 생각은 네 생각과 틀려."라고 말하면 틀렸다고 지적하는 사람이 많다. "내 생각은 네 생각과 달라."라고 말해야 한다는 것이다. 현재 『표준국어대사전』에 따르면 '틀리다'에는 다르다는 뜻이 없는 것은 맞다. 그러나 일제 강점기의 『조선어사전』에는 '틀리다'에 '다르다'의 뜻이 있었다. 국어학자 최경봉 교수는 '틀리다'를 '다르다'의 뜻으로도 쓴다는 건 아직까지 '틀리다'에서 '다르다'를 연상한다는 말인데, 그것을 규범의 이름으로 억지로 막을 필요가 있느냐고 말한다.

22

감성팔이
하지 말라고 말하라

로고스, 에토스, 파토스

아리스토텔레스의 『수사학』은 설득의 기술을 알려 주는 책이다. 고대 그리스는 대중 연설과 법정에서의 변론이 중요하던 때였으므로 누군가를 설득하는 기술은 요긴한 것이었다. 아리스토텔레스는 그 책에서 로고스, 에토스, 파토스를 세 가지 기본적인 설득 수단으로 제시했다. 로고스는 이성을 뜻한다. 에토스는 사람의 성품을 말한다. 그리고 파토스는 청중의 감성을 가리킨다. 그러니까 누군가를 설득하기 위해서는 신뢰(에토스)가 있는 사람이 합리적인 이유(로고스)를 가지고 청중의 감성(파토스)을 잘 건드리면

> 심금을 울리는 연기라는 뜻으로 '페이소스가 있는 연기'라는 말을 가끔 쓴다. '페이소스'는 영어 발음이고 그리스어로는 '파토스'이다. '파토스'가 표준어이다.

된다는 말이다.

로고스는 이 책에서 여러 번 강조한 합리적 근거이니 특별할 것은 없다. 문제는 에토스와 파토스이다. 에토스가 뜻하는 사람의 성품은 **제18장**의 사람에게의 호소 논증에서 언급한 신상이다. 거기서 논증 자체 대신에 논증하는 사람의 신상을 거론하는 것은 오류일 가능성이 크다고 말했다. 파토스도 마찬가지이다. 논증은 이성을 가진 사람이라면 누구나 납득할 만한 근거를 제시해서 상대방을 합리적으로 설득하는 것이라고 말했다. 그러나 청중의 감성은 누구나 가지고 있는 것이 아니다. 대표적인 감성은 동정심과 공포심인데, 가령 불쌍한 모습을 보고 가엽게 생각하는 사람도 있지만 그런 동정심이 들지 않는 사람도 있다. 그리고 순간 동정심이 들었다가 이 동정심은 지금 논의되는 주제와 관련이 없다는 것을 얼른 깨닫는 사람도 있다. '빈곤 포르노'라는 말이 있다. 가난을 자극적으로 그것도 연출하여 촬영한 것이 자극적으로 연출하여 감정을 일으키는 포르노와 비슷하다고 해서 붙은 이름이다. 빈곤 포르노는 순간적으로 동정을 유발할 수 있을지 모르지만 장기적으로 가

맹자는 성선설의 근거로 인간이 가진 네 가지 마음의 단초[사단四端]를 말했는데, 그중 하나가 측은지심이다. 인간은 우물에 빠진 아이를 보면 누구나 가엾이 여겨 달려가리라는 것이다. 그러나 모두가 측은지심이 생기는 것은 아니다. 그리고 꼭 측은지심이 생겨야 아이를 구하는 것도 아니다. 손원평의 소설 「아몬드」(2017)의 주인공은 감정을 느끼는 편도체(아몬드)가 작아 선천적으로 감정을 느끼지 못한다. 그래서 어머니는 본능적인 규범들을 학습을 통해 가르친다. 소설의 이야기이긴 하지만 이성에 바탕을 둔 학습으로 감정을 대신할 수 있다.

난 문제를 해결하지 못한다. 그러기에 동정심과 공포심 같은 감성은 합리적 설득의 근거가 되지 못한다.

그런데 아리스토텔레스는 로고스뿐만 아니라 에토스와 파토스를 기본적인 설득 수단으로 들었다. 대중 연설이나 법정의 변론에서 논리적이든 아니든 어쨌든 설득에 성공하면 되기 때문이리라. 그러나 에토스와 파토스는 반박거리가 된다. 논리적이지 못하다고.

"열심히 하지 말고 잘하자"

이미 이 책에서 본 '권위에의 호소'나 '사람에게의 호소'처럼, 감정을 근거로 드는 논증은 '감정에의 호소'라고 한다. '감정에의 호소'에 딱 맞는 우리말이 있다. '감성팔이'이다. 감성을 자극하여 사람들을 선동한다는 뜻인데, 좀 속된 느낌이 들어 공적인 자리에서 쓰기엔 살짝 꺼려지기는 한다.

좀 슬픈 이야기이지만 "열심히 했습니다."가 대표적인 감성팔이이다. 직장이든 학교든 실적에서 드러난 결과로 평가한다. "열심히 했습니다."라는 말은 직장이나 학교에서 평가하는 사람의 감성을 자극할 수는 있다. 그냥 열심히 했다는 데에 그치는 것이 아니라, 좀더 구체적으로 이렇게 말할 것이다.

> 이 프로젝트 준비하느라 며칠 밤을 새웠습니다. 팀원 중 한 명은 쓰러져 입원까지 했습니다. 다른 팀원은 유산하고 말았습니다. 흑흑. 이 프로젝트 꼭 통과시켜 주십시오.

이 정도가 되면 마음이 짠하다. 그러나 우리 사회는 성과로 평가하지 그런 것으로 평가하지 않는다. 생각해 보라. 한 학생이 "집안이 어려워 알바하느라 공부를 제대로 못했습니다. 제발 F학점만은 주지 마세요."라고 말한다. 가엾기는 하지만 그것이 학점 부여의 근거는 되지 못하지 않는가? 이것은 동정심에 호소하는 오류이다. 감성을 자극하면 좀 매정해 보이지만 이렇게 말하라. 감성팔이 그만하라고.

물론 논증에서 파토스가 갖는 수사적 효과는 분명히 있다. 사람들은 스토리에 약하다. 특히 솔깃하거나 슬픈 스토리가 있으면 더 약하다. 그러므로 거기에 넘어가기 쉽다. 그러나 그만큼 반박하기도 쉽다. **제12장**과 **제13장**에서도 말했지만 누군가 일화(스토리)를 말하면 "그것은 그 사람의 이야기일 뿐이지."라고 말하면 된다. 전문 용어로는 "그것은 성급한 일반화일 뿐이야."라고 말하라. 만약 슬픈 이야기까지 곁들이면? "감성팔이 하지 말라."라고 말하라.

로고스의 우군, 파토스

그렇다고 해서 숫자로 된 통계만 제시한다고 해서 쉽게 설득이 될까? 반박은 받지 않겠지만 사람들이 그렇게 이성적이지 못하니 설득하기는 쉽지 않다. 파토스의 수사적 효과를 무시할 수 없다. 그러므로 파토스와 로고스를 적절히 섞어 써야 한다. 개를 사는 것보다 입양하라는 주장을 하고 싶다. 얼마나 많은 개가 버려지는지를 통계로 보여 주면 합리적 근거가 될 것이다. 그와 동시에 버려지는

감성은 인간의 자연스러운 감정이지만 상황에 맞지 않게 제시할 때는 논점을 흐린다. 그럴 때는 좀 야박해 보이지만 매정하게 끊어야 한다.

개의 영상을 보여 준다. 버려진 개가 얼마나 주인을 찾는지 화면으로 잡으면 금상첨화다. 감성팔이이기는 하지만 이성적 근거와 함께 제시되니 든든한 우군이 된다. 아리스토텔레스가 로고스와 함께 에토스와 파토스를 제시한 이유가 여기에 있을 것이다.

광고업계에는 Baby(아기), Beast(동물), Beauty(미인)의 3B를 이용하는 광고는 성공 확률이 높다는 법칙이 있다고 한다. 모두 감성을 자극하는 소재이다. 그런데 이것들은 광고뿐만 아니라 일상생활의 논증에서도 논점을 흐리는 역할을 한다. 이른바 '캣맘'을 둘러싼 논쟁을 보자.

> 주민: 길고양이에게 먹이를 주면 개체 수가 늘어나서 환경을 더 럽혀요.
> 캣맘: 이 눈을 보세요. 얼마나 귀여워요? 이런 애가 배곯고 돌아다니는데 불쌍하지도 않으세요?

미인이라고 우선해서 대우하는 것은 외모 지상주의로 비난받는다. 마찬가지로 길고양이의 '치명적인 귀여움'과 '버려진 불쌍함'만 가지고서는 길고양이를 보호해야 한다는 주장의 합리적 근거가 되지 못한다. 역시 감성팔이이다.

"고아가 되었으므로 정상 참작해 주세요"

정치인이나 기업인이 휠체어를 타고 법정에 출두하는 일이 종종 일어난다. 남자라면 수염도 며칠 깎지 않는다. 동정심을 유발해서 여론이나 판결에 영향을 끼치려는 의도일 것이다. 역시 감성팔이의 사례일까? 정말로 휠체어를 탈 정도로 몸이 아픈지 팩트 체크부터 해야 할까? 학생이 집안이 어려워 알바하느라 공부를 제대로 못했다고 해도 교수는 팩트 체크를 하지 않는다. 어차피 팩트라고 해도 그 팩트는 학점 부여와 아무 관련이 없으니까. 휠체어 법정 출두도 마찬가지로 팩트 체크할 필요도 없을까?

법률에는 '정상 참작'이라는 것이 있다. 비록 범죄를 저질렀지만 정상情狀, 그러니까 딱하거나 가엾은 상태가 있는지 참작, 그러니까 알맞게 고려해 보겠다는 말이다. 이를테면 가정에서 폭력을 쓰는 아버지를 죽였다거나 분윳값이 없어서 물건을 훔쳤다거나 하는 딱한 이유가 있다면 형을 줄여 준다. 정상 참작은 법률에서 보장하는 것이니 제대로 정상 참작하기 위해서는 당연히 팩트 체크를 해야 할 것이다. 정말 딱한 사정이 있는지 말이다. 그렇다고 판사 마음대로 하는 것은 아니다. 법률에 따라서 감경한다. ('정상 참작'은 '작량 감경酌量減輕'이라고도 한다. '작량'은 '작량감경'이라고 말할 때 외에는 쓰지 않는 것 같은데, 짐작하여 헤아린다는 뜻이다.)

정상 참작은 그럴 만한 사유가 있다고 고려해서 형을 가볍게 해준다는 말이지 유죄를 무죄로 만드는 것은 아니다. 가정 폭력 때문에 폭력을 일삼는 아버지를 죽였다고 해서 살인이라는 사실이 없어지는 것은 아니기 때문이다. 그런데 불쌍하니 무죄라고 주장한다고 해 보자. 그것은 분명히 감성팔이이다. 음주 운전으로 사고

낸 사람이 재판에서 "제가 감옥에 가면 우리 가족은 누가 돌보나요?"라며 선처를 구한다고 해 보자. (제19장에서도 이런 사람이 나왔다.) 부모를 죽인 존속 살인범이 자기는 이제 고아가 됐으니 선처해 달라는 것과 비슷하다. 팩트는 맞지만 정상 참작의 사유겠는가?

언론인인 조갑제 씨는 박근혜 대통령의 탄핵 소추안이 국회에서 통과되어 권한 정지 상태인 2016년 세밑에 다음과 같은 글을 썼다.

나는 TV토론이나 대중강연장에 나가면 이런 말을 한다.
"우리를 가난과 굶주림에서 구출하고도 비명非命에 간 박정희 육영수의 따님에 대하여 이렇게까지 해야 합니까?"
무슨 값싼 동정심이냐는 비판이 있을 법한데 의외로 수긍하는 이들이 많다. 『이코노미스트』는 칼럼의 마지막을 이렇게 정리하였다.
"부모의 사진들과 유품遺品들에 둘러싸여 살면서 그는 젊은 시절의 외로움에서 벗어나 성숙할 수가 없었을 것이다."
......
그리스 비극은 못 되더라도 국민적 연민의 부족, 이 점이 한국식 비극의 핵심일지 모르겠다는 생각도 든다. 아버지-어머니-딸이 대代를 이어서 동족同族의 손으로 요절이 나는데도 외국 언론만이 동정론을 펴는 게 그래서 더 인상적이다. 한국인은 원래 이토록 잔인한 민족인가? 과연 영웅을 가질 자격이 있는 사람들인가?

박근혜 대통령을 향한 동정심을 유발하는 글이다. 탄핵감은 맞지만 정상 참작을 해 달라는 의도는 아닐 것이다. 분명 탄핵은 너무한다고 주장하려는 의도이다. 일단은 정말로 가여운지 팩트 체크부터 해야 한다. 가정 폭력에 시달리는 어린 자식이라면 모를까 박 대통령은 '한참' 성인이다. 그리고 탄핵 여부는 대통령직을 제대로 수행했는가를 판단하는 것이므로 그런 사정과 상관이 없다. 그럴 때는 이렇게 말하라. 감성팔이 하지 말라고.

"너, 내 말 안 들으면 죽어"

감성팔이라고 하면 보통 동정심만 생각한다. 그러나 감정에 호소한다고 할 때 많이 호소하는 감정은 동정심 외에 공포심도 있다. "너, 내 말 안 들으면 죽어."와 같은 예가 그것이다. 죽을 것 같아 말을 들었지 그 말이 옳다고 생각했기 때문에 들은 것은 아니다. 공포심은 그 말의 옳고 그름 또는 행동의 정당성과 관련이 없다. 실제로 법률에서도 협박으로 강요된 행위는 벌하지 않는다. 막 나가는 인생이나 "너, 내 말 안 들으면 죽어."나 "불바다로 만들겠다."와 같은 식으로 말하겠지만, 좀 점잖게 말한다 뿐이지 공포심을 일으키는 예는 흔하다. 직장에서 "이 프로젝트 어때?"라고 물으면서 "참, 김 대리 이번에 승진할 때 되었지?"라고 넌지시 던지거나, 국가 간에 무역 제재를 하겠다고 언급하는 것이 그것이다.

이런 '협박인 듯 협박 아닌 협박'에 "지금 공포심에 호소하고 있습니다."라고 말해도 될까? 힘이 있는 상대에게 논리적으로 대들기는 참 어렵다. 후환이 두려운 것은 인지상정이니까. 이 책은 대화를 목적으로 한다는 말로 변명하며, 현명한 도움말을 주지 못하는 게 아쉬울 뿐이다.

똥이 더러워서 피하지……

물론 후환을 두려워할 이유가 없을 때는 과감히 지적해야 한다. 대중에게는 공포심과 비슷한 감정이 혐오감이다. 이 혐오감을 불러일으키는 논증도 흔하다. 혐오감은 역겨움이나 불쾌함과 같은 감정인데 인간이라면 당연히 꺼리고 싶은 감정이다.

요즘 인터넷에서 혐오감을 불러일으킬 것 같은 짤방을 올릴 때는 제목에 '[혐짤]'이라고 표시한다. 혐오스러우니 보고 싶은 사람만 보라는 경고이다

그러나 '혐오'는 공포심이나 마찬가지로 주장의 근거가 될 수 없다. 가령 이렇게 말한다고 하자.

▎ 난 동성애를 반대해. 그건 혐오스러우니까.

이때 혐오감은 사실 '싫다'는 뜻이다. 결국 동성애가 싫은 이유가 동성애가 싫기 때문이라는 것이니, 이는 순환 논증이다. 비슷해 보이는 좀 더러운 예와 비교해 보자.

▎ 그 똥 밟지 마. 더러우니까.

우리는 똥이 혐오스러워 피한다. 그러나 이것은 똥이 싫으니까 똥이 싫다는 순환 논증이 아니다. 그때 똥이 혐오스럽다는 것은 똥을 접촉하면 몸이 더러워지고 병균을 옮길 수도 있다는 뜻이므로 똥을 피해야 하는 합리적 이유가 되기 때문이다. 따라서 감정에 호소하는 오류가 아니다. 주검에 혐오감을 느끼는 것도 마찬가지로 합리적 이유이다. 하지만 동성애 혐오에서 혐오는 그런 합리적 이유가 아니라 단순히 싫다는 감정을 드러낸 것이므로 근거가 될 수 없다.

생명 과학의 발달로 인간 복제나 이종 장기 이식, 키메라(부분-인간화 동물)와 같은 새로운 생명 과학 기술이 등장한다. 이것에 반대하는 주장에서도 혐오감이 반대 근거로 많이 쓰인다.

> 다른 동물의 장기를 이식한 인간은 얼마나 역겨운가? 인간의 장기가 자란 동물은 또 얼마나 혐오스러운가? 따라서 이종 장기 이식이나 키메라 연구를 허용해서는 안 된다.

새로운 생명 과학 기술에 얼마든지 반대할 수 있다. 그러나 혐오감을 근거로 반대하는 것은 감정에 호소하는 오류이다. 그런 새로운 기술을 보면 익숙하지 않기 때문에 역겨움을 느낄 수 있다. 그러나 그런 역겨움은 똥이나 주검에 느끼는 합리적 감정이 아니라 익숙하지 않아 싫은 것뿐이다. 내가 보지 못한 것이라 싫다는 말밖에 되지 않는다. 그것 외의 반대 근거를 제시해야 한다.

혐오스러움에 의한 논증은 혐오스러우니까 부도덕하다는 주장이다. 그러나 혐오스러운데도 부도덕하지 않을 뿐만 아니라 오히려 피해서는 안 되는 사례도 많다. 이는 **제7장**에서 말한 대로 혐오스러움에 의한 논증에 반례가 된다. 의료인이 아닌 사람에게 수술 장면은 혐오스럽다. 그렇다고 해서 수술을 하지 말아야 하는가? 누가 혐오스럽다는 감정을 근거로 무엇인가를 반대하면 혐오감도 감성의 하나이니 이렇게 말하라. 감성팔이 하지 말라고.

도판 출처

19쪽 https://commons.wikimedia.org/wiki/File:Metropolitan_David_
　　 Socrates_2.jpg

53쪽 https://ko.wikipedia.org/wiki/칼_포퍼

56쪽 https://en.wikipedia.org/wiki/September_11_attacks

71쪽 https://en.wikipedia.org/wiki/Joseph_McCarthy

87쪽 https://ko.wikipedia.org/wiki/아돌프_히틀러

114쪽 Heinz-Josef Lücking. https://commons.wikimedia.org/wiki/
　　 File:Nuclear_Power_Plant_-_Grohnde_-_Germany_-_1-2.JPG

161쪽 https://commons.wikimedia.org/wiki/File:Phrenology_jour-
　　 nal_(1848).jpg

173쪽 https://www.wikidata.org/wiki/Q876424

183쪽 https://ko.wikipedia.org/wiki/시라노_드_베르주라크

187쪽 https://en.wikipedia.org/wiki/Robert_N._Proctor

217쪽(좌) https://en.wikipedia.org/wiki/Rachel_Carson

217쪽(우) https://commons.wikimedia.org/wiki/File:David_Hume_
　　 statue_on_High_Street,_Edinburgh_01.jpg

226쪽 https://commons.wikimedia.org/wiki/Category:Black_
　　 Death?uselang=ko#/media/File:Doutielt1.jpg

249쪽 https://ko.wikipedia.org/wiki/쇠렌_키르케고르

찾아보기

반박의 기술
답답하고 복장 터지는 당신이
부글부글하지 않고 논리적으로 설득하는 방법

2024년 3월 11일 초판 1쇄 찍음
2024년 3월 22일 초판 1쇄 펴냄

지은이 최훈
펴낸이 정종주
편집주간 박윤선
편집부 문혜림
마케팅 김창덕

펴낸곳 도서출판 뿌리와이파리
등록번호 제10-2201호 (2001년 8월 21일)
주소 서울시 마포구 월드컵로 128-4 (월드빌딩 2층)
전화 02)324-2142~3
전송 02)324-2150
전자우편 puripari@hanmail.net

본문 일러스트 송동근
디자인 공중정원
본문 조판 이아름

종이 화인페이퍼
인쇄 및 제본 영신사
라미네이팅 금성산업

값 18,000원
ISBN 978-89-6462-197-4 (03170)